Commission nationale du DELF e
Centre international d'études péd

Réussir le DELF
Unité A1

Véronique DUPUIS

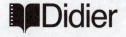

Didier

SOMMAIRE

2

avant-propos

Réussir l'unité A1 du DELF

Cet ouvrage s'adresse à des apprenants débutants ayant une centaine d'heures de français environ et qui veulent préparer l'examen, seuls ou en classe. Il s'utilise en complément des manuels habituels ; il apporte une série de propositions de travail et d'exercices dans les conditions mêmes de l'épreuve, pour :

– bien lire et développer son sujet ;

– conduire un dialogue vivant avec l'examinateur ;

– construire des textes motivants ;

– utiliser au mieux son temps.

■ L'unité A1 : « Expression générale »

Elle est placée en première position du DELF, ce qui correspond à un niveau d'environ 100 heures d'apprentissage du français.

Elle comprend une épreuve écrite et deux épreuves orales.

Pour les trois épreuves, la Commission nationale du DELF définit ainsi les points de grammaire à connaître :

– les déterminants (articles, possessifs, démonstratifs, emploi du partitif) ;

– les pronoms directs ;

– les temps de base des verbes : présent, passé composé avec *être* et *avoir*, futur proche (construction : aller + infinitif) ;

– la localisation dans l'espace et le temps ;

– la négation et l'interrogation ;

– les pronoms relatifs (*qui-que*).

Vous pouvez bien sûr employer des éléments plus complexes : si vous faites des erreurs sur ces éléments, elles ne compteront pas dans votre note. Pensez à votre objectif : faire passer le message avec un minimum de fautes de base... L'examinateur tiendra compte de ces deux aspects.

■ Contenu des dossiers

Chaque dossier correspond à une épreuve. Vous y trouverez :

– l'intitulé officiel et le descriptif de l'épreuve ;

– ce que vous devez savoir faire pour réaliser la tâche qui vous est demandée ;

– les moyens à utiliser pour arriver aux meilleurs résultats possibles ;

– des exercices d'application : de nombreux sujets avec corrigés types et variantes.

unité A1

■ **Objectif : expression générale**

Pouvoir communiquer, oralement et par écrit, dans des situations simples de la vie quotidienne.

■ **Descriptif des épreuves**

	durée	préparation	coefficient
Épreuve écrite			
Rédaction d'une lettre (100 mots environ, registre amical) à partir d'une situation donnée. L'exercice doit mettre en évidence la capacité du candidat à : – situer des événements dans le temps et dans l'espace, – décrire des lieux ou des personnes, – formuler une proposition ou une invitation.	0 h 45	–	1,5
Épreuves orales		–	1
1. Réponses à un questionnaire de compréhension portant sur de brefs documents enregistrés ayant trait à des situations de la vie quotidienne.	0 h 20 environ	0 h 30 maximum	1
2. Entretien avec le jury sur un sujet de la vie quotidienne concernant le candidat, pouvant prendre la forme d'un dialogue simulé.	0 h 15		

Remarque : l'épreuve orale n° 1 est une **épreuve collective** (passée simultanément par l'ensemble des candidats).

épreuve écrite

Intitulé de l'épreuve

Rédiger une lettre amicale de 100 mots environ, racontant des événements de la vie quotidienne et formulant une invitation ou une proposition.

Durée de l'épreuve : 45 minutes
Coefficient : 1.5 (note finale sur 30 points)

NATURE DE L'ÉPREUVE

■ **L'épreuve d'expression écrite vous demande de :**
  – rédiger une véritable lettre ;
  – situer des événements dans le temps et dans l'espace ;
  – présenter/décrire une situation, des personnages, des événements ;
  – formuler une invitation ou une proposition ;
  – rédiger un texte cohérent et articulé ;
  – respecter les règles simples de la correspondance amicale.

■ **Vous avez devant vous :**
  – une consigne qui explique la situation, à qui vous devez écrire et de quoi vous devez parler ;
  – des indications, sous forme d'images ou de notes, pour préciser la situation et vous permettre de donner des détails dans votre lettre ;
  – une page pour la réponse – la copie – avec quelquefois un cadre limité et des débuts de phrase pour vous guider.

■ **Comment faire ?**
  – Préparer des éléments du récit avec la grille proposée pour l'analyse du document-support et de la consigne.
  – Rédiger, corriger, recopier.
  – Bien gérer le temps dont vous disposez.

REMARQUES GÉNÉRALES

■ **Pensez à :**
  – bien lire et analyser le sujet ;
  – rester **simple** (pas de phrases compliquées ou traduites) ; **vous êtes débutant** ;
  – prendre le temps de rechercher vos idées, de les organiser de façon logique, intéressante, agréable.
  Les propositions d'exercices et de sujets qui suivent ont pour but de vous aider à atteindre ces objectifs.

■ **La copie d'examen**

La présentation de votre copie, c'est votre **manière de saluer le correcteur**, avant même qu'il n'ait lu une seule de vos lignes.
Pour une copie plus agréable à lire : faites un brouillon (voir p. 10 *Gestion du temps*), relisez-le avant de le recopier sur la copie à rendre et **gardez assez de temps de façon à écrire très lisiblement**.

Comment préparer un sujet

Voici un exemple de sujet pour lequel les étapes de préparation sont développées.

■ Consigne

Vous passez une semaine dans un club de vacances en Corse. Le mercredi, vous écrivez une carte postale à des amis : vous leur décrivez ce que vous avez déjà fait au club, vos projets pour le reste de la semaine et vous les invitez chez vous, à votre retour, pour leur montrer vos photos de vacances.

En Corse : mer calme et eau transparente...

Activité : planche à voile

lundi	mardi	mercredi	jeudi	vendredi	samedi
Arrivée au Club	Excursion Porto	plage voile	planche à voile	plongée	Départ

Préparation

■ 1. La forme de la lettre

a) QUI écrit et À QUI ?

« **Vous** passez une semaine de vacances en Corse… **vous** écrivez **à des amis**. »

Vous = la personne qui écrit la lettre, et le personnage de l'histoire.

Utilisez ce nom pour signer votre lettre.

Attention : n'utilisez en aucun cas votre véritable nom ou même prénom. Votre copie doit rester anonyme. Souvent, le nom avec lequel vous devez signer sera indiqué sur le sujet, ou vous sera donné par le surveillant de l'examen.

b) La formule d'appel

– pour des amis : *Chère Sophie, Cher Bastien,…*
(Ma) chère Sophie, (Mon) cher Bastien,
Chers amis, Chères amies,…

– plus formel : *(Chère) Madame, (Cher) Monsieur,*

c) La phrase de conclusion (exemples)

J'espère que tu vas pouvoir venir.
À samedi. Je suis ravi(e) de te voir après si longtemps…, etc.

d) La formule finale (exemples)

– pour des amis proches : *Bises*
Je t'embrasse

– un peu moins proches : *Amitiés*
(Bien) amicalement
Avec toutes mes amitiés

– plus formel : *(Bien) cordialement*
Bien sincèrement

■ 2. Le récit et l'invitation

a) Que raconter ?

Faites un choix : si vous écrivez une carte postale, vous n'allez pas raconter tous les détails du voyage. Ne cherchez pas à mettre dans votre lettre tout ce qui se trouve dans le document : vous devez choisir **le plus intéressant** et **le plus significatif** pour la personne à qui vous écrivez.

b) Quand écrit-on ? À quelle occasion ? Dans quelles circonstances ?

La situation proposée vous invite à utiliser :
– **le passé composé :** « Ce matin, nous sommes arrivés à… » ou « Cela fait trois jours que nous sommes arrivés en Corse. » ;
– **le présent,** celui de la personne qui écrit : « Je t'écris de la terrasse d'un café. » ;
– **le futur proche** (ou le futur simple si vous savez l'utiliser) : « … et ce soir nous allons retrouver nos amis. »

- **Pour l'invitation,** le futur proche et le futur simple sont parfois utilisés de manière complémentaire : « À mon retour, je vais organiser une soirée corse pour vous montrer les photos de vacances. J'espère que vous pourrez venir. »

Souvent la consigne comporte des indications de temps : « Le mercredi, vous écrivez une carte postale à des amis. »

Soyez également attentif aux indications qui figurent dans les images : horloges, activités typiques des moments de la journée, dates d'agenda...

➡ À partir du document, séparez les trois moments de votre récit.

Le cadre réponse peut parfois (mais pas toujours) vous proposer des indications :
    Lundi dernier...
    Aujourd'hui...
    Dans deux jours...

c) Pourquoi écrit-on ? Quelles sont les intentions du rédacteur ?

– Présenter sa situation actuelle.

– Raconter des activités (passées, présentes, à venir).

– Faire des projets (inviter à un dîner, une soirée, etc.).

d) OÙ ?

Noter les lieux : dans un club, sur la côte, au bord de la mer, etc.

■ 3. Grille récapitulative

QUI ÉCRIT À QUI ?		
	Qui écrit ? Que sait-on d'elle/de lui ?	Isabelle et Laurent.
	À qui écrit-il/elle ? Que sait-on d'elle/de lui ?	À des amis.
	Quelle relation y a-t-il entre elles/eux ?	Amicale.
QUAND ET D'OÙ ÉCRIT-ON ?		Le mercredi, de Piana.
	À quelle occasion ?	À l'occasion d'une semaine dans un club de vacances en Corse.
POURQUOI ÉCRIT-IL/ELLE ?		
	Intention n° 1	Raconter leurs vacances (les 3 jours passés et le programme à venir jusqu'à la fin des vacances).
	Intention n° 2	Les inviter chez eux pour une soirée dégustation de produits corses et leur montrer leurs photos.
	Autre	

4. Rédaction

a) Quelques idées de rédaction

• **Changez l'ordre chronologique,** commencez par le passé ou le futur.

Exemple :

ou

« Nous avons pris le bateau pour la Corse... »

« Samedi va s'achever une semaine de rêve à Cargèse... »

• **Personnalisez votre récit** par des commentaires.

- sur le lieu :   « Quelle ville merveilleuse ! »

                    « Un hôtel romantique... »

                    « Un port très pittoresque... »

- les personnes : « Patrick, toujours curieux... »

                    « Tu sais comme Brigitte est distraite ! »

                    « Comme je te l'ai dit... »

- le temps :   « Il fait beau/chaud/froid... »

                    « Il neige, il pleut, il y a du soleil. »

• **Ajoutez un détail concret** à vos descriptions.

- une couleur :   La mer bleue, verte, transparente ?

                   Le ciel bleu ou gris ?

- une matière :   Les maisons en bois ou en pierre ?

b) Proposition de rédaction de la lettre

Piana, mercredi 27 août

Chers amis,

Nous voici depuis trois jours à Piana. C'est formidable ! Après une excursion à Porto, petite ville pittoresque, nous sommes restés au club aujourd'hui et avons fait de la voile. La planche à voile et la plongée nous attendent. Ces vacances en Corse passent trop vite ! Êtes-vous libre le premier samedi de septembre ? Nous vous invitons à une soirée corse : gastronomie et tourisme à la maison grâce aux spécialités (saucisses, fromage et vin) que nous allons rapporter et aux photos que nous avons envie de vous montrer. Téléphonez-nous la semaine prochaine pour nous donner votre réponse.

Bises.

Isabelle et Laurent

(110 mots)

5. Pour terminer : relire, corriger, recopier

Prévoyez 10 à 15 minutes pour corriger, relire et recopier votre lettre.

• Voici une petite **liste de vérifications** à entreprendre au moment de la relecture :

- **Les verbes :** accord avec le sujet ? auxiliaire *être* ou *avoir* au passé composé ?

- **Les noms :** singulier ou pluriel ? masculin ou féminin ?

- **Les pronoms :** masculin ou féminin ?

– **Les adjectifs :** accord avec le nom ?

– Les expressions de temps, de lieu : **quelles prépositions** ?

– **La négation :** les deux éléments « ne... pas » sont-ils là ? au bon endroit ? (exemple : *Je ne l'ai pas vu.*)

– **Les relatifs** (*qui* et *que*).

• Puis **recopiez lisiblement** et relisez une dernière fois.

■ 6. Gestion du temps

45 minutes c'est suffisant pour écrire une petite lettre, mais très vite passé.

Voici à titre indicatif, une possible répartition du temps. Prévoyez :

– 15 minutes pour faire une lecture attentive de la consigne et élaborer la grille de récit et d'invitation ;

– 10 minutes pour la rédaction au brouillon ;

– 5 minutes pour relire et corriger ;

– 15 minutes pour recopier et relire.

Essayez de faire plusieurs des sujets proposés, montre en main. Suivant votre rythme de travail, adaptez les temps proposés, mais ne supprimez aucune étape ! Le jour de l'examen, suivez votre schéma sans le changer.

Et maintenant... à vous !

Voici 13 sujets tels que vous pourriez les recevoir le jour de l'examen.

Pour les deux premiers, la démarche proposée est développée ; pour les autres, vous rédigerez vous-même votre lettre, si possible en temps limité.

Vous trouverez à la fin du livret une grille de récit et d'invitation ainsi qu'une proposition de rédaction de la lettre pour chaque sujet.

PROGRAMME MINCEUR

■ 1. Consigne

Vous êtes en vacances, vous vous sentez en pleine forme physiquement... Vous avez fait un régime de printemps. Vous écrivez à un(e) ami(e) pour lui raconter comment vous avez perdu ces petits kilos en trop. Vous lui parlez de vos vacances et de vos bonnes résolutions pour l'avenir et vous l'invitez à faire du sport avec vous en prévision des vacances d'été.

17 AVRIL
PREMIÈRE JOURNÉE DE LA MINCEUR

C'est le printemps ! Le corps se découvre et les rondeurs de l'hiver deviennent bien difficiles à masquer. Il est urgent de mincir mais le courage pour démarrer un régime vous manque douloureusement...

Pas de panique ! Les Laboratoires Ardeval ont pensé à vous et créent l'événement : ils vous donnent rendez-vous le 17 avril pour la **Première Journée de la Minceur,** véritable journée starter d'un « programme minceur ».

Car, vous le savez bien, pour mincir et rester mince quelques jours d'efforts ne suffisent pas ; il est nécessaire de redécouvrir une nouvelle façon de vivre, de bouger, de penser. C'est pour cette raison qu'un programme minceur original a été conçu.

Alors, le 17 avril, n'hésitez plus,
allez chez votre pharmacien
découvrir votre programme minceur du printemps.

■ 2. Grille de récit et d'invitation

QUI ÉCRIT À QUI ?		
	Qui écrit ? Que sait-on d'elle/de lui ?	Vous. Vous êtes en vacances. Vous avez fait un régime. Vous avez perdu des kilos.
	À qui écrit-il/elle ? Que sait-on d'elle/de lui ?	Un ou une amie.
	Quelle relation y a-t-il entre elles/eux ?	Amicale.
QUAND ET D'OÙ ÉCRIT-ON ?		Non précisé.
	À quelle occasion ?	Vous vous sentez en pleine forme.
POURQUOI ÉCRIT-IL/ELLE ?		
	Intention n° 1	Raconter de quelle manière vous avez perdu des kilos.
	Intention n° 2	Parler de vos résolutions pour l'avenir et l'inviter à faire du sport avec vous en prévision des vacances d'été.
	Autre	

Remarque : Pour ce sujet, la personne qui écrit et le destinataire de la lettre peuvent être un homme ou une femme. Veillez à adapter les accords (adjectifs, participes passés) selon votre choix.

■ 3. Rédaction

Lieu/date

Cher Antoine

Je me sens merveilleusement bien ! La raison ? Un régime très facile que je viens de suivre pendant mes vacances. Tout cela grâce à une publicité. J'ai été aidé par les conseils de ma pharmacienne et par un traitement très efficace. Mon régime est terminé mais je dois me surveiller afin d'être au top cet été, sur la plage. Je vais surveiller mon alimentation et faire du sport. Veux-tu te joindre à moi ? À deux, c'est plus facile, on peut se soutenir. Il suffit de choisir le sport qui nous convient (natation, jogging, musculation, etc.). Quel est ton sentiment ? Dis-moi vite ce que tu en penses.

Je t'embrasse.

François

(107 mots)

■ 4. Variantes

- Plus question de whisky, de plats en sauce.
- C'était dur, mais maintenant je suis fier de moi.
- J'ai bu beaucoup d'eau, deux litres par jour.
- J'ai pris quinze jours de vacances.
- Je suis de nouveau actif et dynamique.

LA CRÈCHE

■ 1. Consigne

Depuis une semaine, Valérie est stagiaire dans une crèche. Il est 12 h 30, les enfants dorment. Elle écrit à Élodie, une amie, pour lui raconter ses activités. Elle lui propose de la voir après sa journée de travail. Rédigez la lettre. (100 mots environ)

BONNE JOURNÉE LES ENFANTS !

Aujourd'hui... notre programme :
10 h – 11 h : Ateliers puzzle, peinture
15 h 30 – 17 h : Jeux sur la terrasse
Chansons

Atelier peinture de 10 à 11 heures...

Bon appétit !

9 h 30 : fromage Kiri
lait
11 h 30 : tomates
poisson
riz
pommes / raisin
15 h : kiwi
fromage blanc

15 heures : c'est l'heure du goûter !

■ 2. Grille de récit et d'invitation

QUI ÉCRIT À QUI ?		
	Qui écrit ? Que sait-on d'elle/de lui ?	Valérie, stagiaire dans une crèche depuis une semaine.
	À qui écrit-il/elle ? Que sait-on d'elle/de lui ?	Élodie.
	Quelle relation y a-t-il entre elles/eux ?	Amicale.
QUAND ÉCRIT-ON ?		Un jour à 12 h 30.
	À quelle occasion ?	Lors d'un moment de tranquillité (les enfants dorment).
POURQUOI ÉCRIT-IL/ELLE ?		
	Intention n° 1	Raconter votre journée de travail.
	Intention n° 2	Proposer de vous revoir.
	Autre	

■ 3. Rédaction

Lieu/date

Chère Élodie,

J'effectue un stage dans une crèche depuis une semaine. Les enfants dorment et je profite de ce moment de tranquillité pour t'écrire ces quelques lignes. Je suis très occupée et les activités sont rythmées par les repas des petits (9 h 30, 11 h 30 et 15 h 00). De 9 h 30 à 11 h 30, j'anime des ateliers puzzle et peinture et l'après-midi, de 15 h 30 à 17 h 00, je leur propose des jeux et des chansons. Ce rythme est assez intense et ma journée se termine à 17 h 00.

J'aimerais beaucoup te voir un jour après le travail, pour te raconter tout cela.

J'attends tes propositions (jour, lieu et heure).

Je t'embrasse.

Valérie

(121 mots)

■ 4. Variantes

• Les enfants sont adorables.
• Mon travail me passionne.
• Ce travail demande beaucoup d'énergie.
• Je préfère m'occuper des jeunes enfants de deux ans.
• Enfin un moment de calme et de silence !

14

L'AGENCE MATRIMONIALE

■ **Consigne**

Pour trouver le/la partenaire de vos rêves, vous vous êtes inscrit(e) à un club de rencontres. Un an après, vous écrivez une lettre de remerciements au directeur du club, Marc Leroy, qui est maintenant un ami. Vous lui dites ce que vous êtes devenu(e) et vous l'invitez à passer un week-end dans la maison de campagne de Camille*, votre ami(e), en Normandie. (100 mots environ)

* Camille peut être un prénom masculin ou féminin.

ÊTES-VOUS VRAIMENT FAIT POUR VIVRE SEUL ?

DONNER DES COULEURS À VOTRE VIE, PARTAGER DES LOISIRS, SYMPATHISER, RENCONTRER LA PERSONNE DE VOS RÊVES...

Comme des milliers de personnes libres...
pour vous, un Club qui offre mille et une possibilités :
• Sorties, resto, spectacles... entre nouveaux amis
• Soirées-club, dîners dansants... où l'on sympathise
• Week-ends découvertes, vacances...
• Ou tout simplement un vrai tête-à-tête, à deux, dans le cadre que vous aimez.

Avec UNICIS, tout cela est possible.
15 ans d'expérience, plus de 80 bureaux en France,
des milliers de personnes toutes libres. L'une d'entre elles vous attend.

■ Répondez à ce sujet en vous mettant dans les conditions d'examen. Suivez pour cela les conseils de préparation donnés pages 7 à 10.

LA VOYANTE

■ **Consigne**

Tout allait mal. Vous êtes allé(e) consulter une voyante. Vous écrivez à un(e) ami(e) pour lui raconter ce que la voyante vous a dit sur votre passé, votre présent et votre avenir. Vous êtes très satisfait : vous conseillez à votre ami(e) de la consulter à son tour, et vous lui donnez son adresse. (100 mots environ)

■ Répondez à ce sujet en vous mettant dans les conditions d'examen. Suivez pour cela les conseils de préparation donnés pages 7 à 10.

UNE JOURNÉE BIEN REMPLIE

■ Consigne

Vous êtes Mme Léa Letellier et vous habitez Paris depuis un an. Un jour, vous repensez soudain à votre amie Anne et vous lui écrivez pour lui parler de vous, de vos journées, de votre fille, de votre mari et de votre fatigue... Vous lui proposez de venir vous rendre visite car vous ne pouvez pas vous libérer. (100 mots environ)

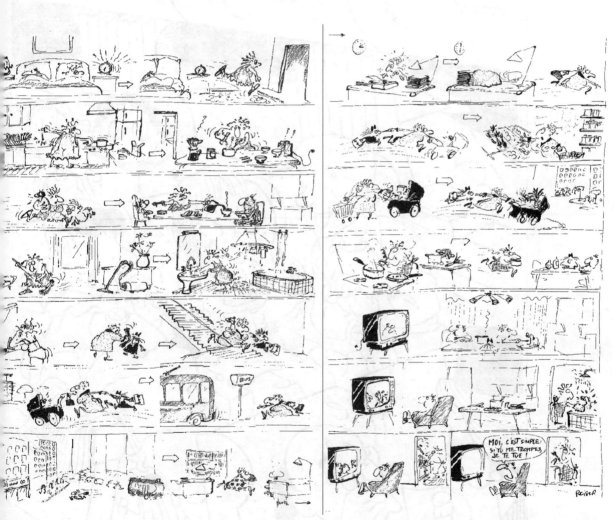

Vive les femmes ! Reiser.

■ Répondez à ce sujet en vous mettant dans les conditions d'examen. Suivez pour cela les conseils de préparation donnés pages 7 à 10.

LA RENCONTRE

■ **Consigne**

Lors de votre retour en France, sur le vol New York-Paris, vous avez retrouvé par hasard Nathalie Lafayette, une amie que vous n'aviez pas vue depuis dix ans. Le soir même, vous écrivez à Marc, un ami commun, pour lui raconter cette rencontre et lui proposer deux dates en novembre pour manger ensemble tous les trois. (100 mots environ)

■ Répondez à ce sujet en vous mettant dans les conditions d'examen. Suivez pour cela les conseils de préparation donnés pages 7 à 10.

LE VILLAGE

■ Consigne

Vous venez passer deux semaines de vacances dans une petite ville de Normandie où vous étiez venu(e) il y a dix ans avec votre sœur. La ville a changé, vous écrivez à votre sœur pour lui raconter les changements mais aussi lui proposer de venir vous rejoindre en fin de semaine et partager à nouveau d'agréables souvenirs. (100 mots environ)

Le vieux bassin d'Honfleur

La tour de l'Horloge à Vire

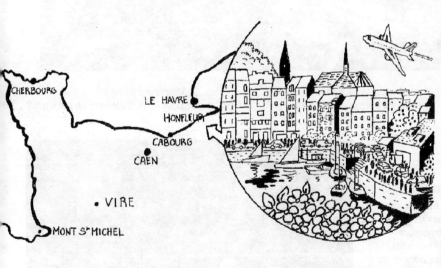

Clocher en bois de l'Église Sainte-Catherine à Honfleur ▷

■ Répondez à ce sujet en vous mettant dans les conditions d'examen. Suivez pour cela les conseils de préparation donnés pages 7 à 10.

LE PARC DU FUTUROSCOPE

■ Consigne

L'année dernière, vous avez visité le Parc du Futuroscope, près de Poitiers avec votre famille. Vous avez été très satisfait(e) de cette visite. Cette année, vous y retournez et vous voulez inviter des amis à se joindre à vous. Vous leur écrivez pour leur raconter votre première expérience et leur proposer de passer une ou deux journées au Futuroscope pendant les vacances d'été. (100 mots environ)

T-Rex   *Spectacle nocturne « Lac aux Images »*   *Pavillon du Futuroscope*

Tapis magique   *Lacs - Jeux d'eau (bouées, bateaux-tampons)*   *Le Monde des Enfants (Un univers ludique pour un défoulement en plein air !)*

Superstition
Vitesse, frissons et sensations fortes ! Pour les amateurs de sensations extrêmes... Une fois embarqué dans ce train fantôme où les sièges bougent au rythme des images, le spectateur doit croiser les doigts pour échapper aux maléfices...

■ Répondez à ce sujet en vous mettant dans les conditions d'examen. Suivez pour cela les conseils de préparation donnés pages 7 à 10.

SITES EN SCÈNE

■ Consigne

Depuis plusieurs années, vous passez votre mois de juillet en famille dans la ville de Jonzac. Guy, un ami musicien, vous a dit qu'il a l'intention de séjourner dans cette région mais il ne sait pas où aller. Vous lui parlez des fêtes de juillet des années précédentes. Vous suggérez qu'il y participe l'année prochaine. (100 mots environ)

➡ Un site... **JONZAC** 19 au 21 juillet

Pendant le festival,
animations sportives et musicales pour les résidents et les vacanciers...

➡ Une scène...

Top jeunes : créativité puissance 4

Cette année encore, Jonzac mise sur la jeunesse. Par le biais des associations locales, la municipalité laisse carte banche aux jeunes talents pour 3 jours d'animations gratuites sur le thème du sport et de la musique. **Du 19 au 21 juillet**, la ville sera en effervescence autour d'un programme tous azimuts. Trois temps forts seront à noter sur vos agendas. **Le jeudi 19 juillet à 21 h**, 260 jeunes musiciens européens des « Eurochestries » donneront un concert d'ouverture en l'église de Jonzac. **Le vendredi 20 à 21 h 30**, Cinésite, une soirée cinéma en plein air, place du château, mettra au programme « Matrix », film de science-fiction des frères Wachowsky (scène ouverte avec les groupes locaux en 1re partie).
Le samedi 21 à partir de 20 h, une soirée concert (musiques actuelles, afro-cubaine, ska festif) au parc des expositions bouclera ce festival avec en tête d'affiche, La Comtesse aux pieds nus, La Souris Déglinguée (LSD), Les Fils de Teuhpu et Les Marto's Pikeurs Orchestra. Des ateliers musicaux, des stages d'initiation au skate et au roller, un kit d'athlétisme, une course de trottinette, une démonstration d'arts martiaux et un challenge sportif sont aussi au menu. Ambiance festive et conviviale garantie.

■ Répondez à ce sujet en vous mettant dans les conditions d'examen. Suivez pour cela les conseils de préparation donnés pages 7 à 10.

DANS LES PYRÉNÉES

■ Consigne

*Vous avez organisé, avec une de vos collègues, une « classe de découverte de la nature »
dans les Hautes-Pyrénées du 15/07 au 19/07. Au dernier moment, l'accompagnatrice ne
peut pas venir. Vous ne voulez pas décevoir les 15 élèves déjà inscrits. Vous écrivez à
une amie avec qui vous avez déjà travaillé autrefois et vous la suppliez de remplacer
l'accompagnatrice. (100 mots environ)*

CLASSE DE DÉCOUVERTE RAFTING, RANDONNÉE ET ESCALADE

5 JOURS • 4 NUITS

du 15 au 19 juillet

Spécial collèges et lycées

1er jour
Départ le matin
de votre établissement et route
pour Les Pyrénées.
Arrivée en fin de journée.
Installation au centre d'accueil.
**Diaporama commenté
sur les Pyrénées.**

2e jour
MATINÉE : **lecture de cartes
et orientation** (apprendre à lire
une carte et se repérer, utiliser
une boussole. Explication et
application par de petits
exercices. Mise en situation
en milieu naturel).
APRÈS-MIDI : **rafting.**
Soirée consacrée à des jeux
traditionnels.

3e jour
MATINÉE : suite de **la lecture de
cartes et orientation**.
APRÈS-MIDI : **randonnée** puis **nuit en
chalet**.

4e jour
MATINÉE : **randonnée.**
APRÈS-MIDI : visite d'une **fromagerie**
traditionnelle (assister à la
fabrication artisanale, à la ferme,
d'un fromage des Pyrénées).

5e jour
MATINÉE : **escalade.**
APRÈS-MIDI : Départ après le
déjeuner et arrivée à votre
établissement en fin de journée.

■ Répondez à ce sujet en vous mettant dans les conditions d'examen. Suivez pour cela les
conseils de préparation donnés pages 7 à 10.

PARIS À LA CARTE

■ Consigne

Vous avez invité Élisabeth, une amie, à passer la semaine du 10 au 16 mai chez vous dans le Gers. Malheureusement, un voyage d'affaires vous oblige à être à Paris du 10 au 14. Vous pensez finalement que Paris peut être un lieu idéal pour retrouver votre amie. Les activités ne manquent pas à Paris et vous pouvez avoir un peu de temps libre. Vous écrivez à votre amie pour lui expliquer la situation et lui faire cette proposition (elle n'a pas à payer l'hôtel). (100 mots environ)

PATRIMOINE CULTUREL

PARIS À LA CARTE

Le musée d'Orsay

Le stade de France

Composez vous-même votre programme

☛ **Visites gratuites** (pour les moins de 18 ans)

À titre indicatif, quelques visites

- Musée d'Orsay
- Musée du Louvre
- Assemblée Nationale
- Sénat
- Hôtel de Ville
- La Conciergerie
- Musée d'Histoire de France
- Musée Victor Hugo
- Musée National du Moyen-Âge
- L'Orangerie
- Musée Picasso
- Musée Rodin
- Musée Cognacq-Jay
- Participation à l'enregistrement d'émissions de télévision.

☛ **Visites payantes 2001/2002**
(prix par personne) :

LA CITÉ DES SCIENCES ET DE L'INDUSTRIE DE LA VILLETTE
- Explora : 4 €
- Cité des Enfants (3-5 ans ou 5-12 ans) : 4 €
- Techno Cité : 4 €
- Géode : 5 €

PALAIS DE LA DÉCOUVERTE
- salles d'expériences uniquement : 2 €
- salles d'expériences et planétarium : 4 e

MUSEUM D'HISTOIRE NATURELLE
Grande Galerie de l'Évolution 1,50 € + forfait de 46 € par groupe de 30 élèves maximum

LA TOUR EIFFEL
- par l'escalier : 3 €
- par l'ascenseur :
  1er étage : 2 €
  2e étage : 3,50 €
  et sommet : 5 €

CROISIÈRE PROMENADE SUR LA SEINE
"Bateaux Parisiens" : 3 €

LES CATACOMBES DE PARIS
2,50 € ; possibilité de conférences

LES ÉGOUTS DE PARIS
2 € (5-12 ans)
ou 3 € (plus de 12 ans)

MUSÉE DE L'AIR ET DE L'ESPACE DU BOURGET : 2 €

LE STADE DE FRANCE
visite Premier Regard (exposition + gradin) : 4 €
ou Coulisses du Stade (visite guidée) : 8 €

VISITE LIBRE DU CHÂTEAU DE VERSAILLES
15 € par groupe de 30 personnes ;
visite guidée sur demande.

■ Répondez à ce sujet en vous mettant dans les conditions d'examen. Suivez pour cela les conseils de préparation donnés pages 7 à 10.

L'EXPOSITION

■ Consigne

Vous êtes un des jeunes peintres qui exposent leurs œuvres. Quelques jours avant l'inauguration, vous envoyez cette invitation à votre ami Cédric. Vous lui racontez que vous participez à cette exposition et la joie que cela vous procure. Vous lui proposez de venir vous retrouver là-bas à l'occasion de l'inauguration et de dîner ensemble ensuite. (100 mots environ)

Invitation Journées européennes des Jeunes Peintres

Invitation

Dans le cadre des
Journées européennes des Jeunes Peintres
la municipalité vous prie
de venir assister à l'inauguration de l'exposition.

« Jeunes Peintres Européens »

le jeudi 21 mars 2002
à 19 heures

Centre culturel du nouveau monde
32, rue Albert Ier
49000 Saumur

Exposition ouverte au public du 21 mars au 30 juin 2002, du lundi au vendredi
de 9 h à 18 h, le samedi et dimanche de 14 h à 19 h

■ Répondez à ce sujet en vous mettant dans les conditions d'examen. Suivez pour cela les conseils de préparation donnés pages 7 à 10.

LA FÊTE

■ **Consigne**

Louise et Éric reçoivent une invitation et répondent à leurs amis. Ils ont une impossibilité absolue en début de soirée ce jour-là, car ils vont accueillir Anton, un ami de Russie, à l'aéroport. Cependant, ils veulent absolument participer à cette fête et écrivent pour expliquer la situation et demander s'ils peuvent arriver plus tard et accompagnés ! Rédigez la lettre. (100 mots environ)

Chers Amis

Notre association fête l'été

Nous vous donnons rendez-vous
Samedi 21 juin

Où ?
Au Parc Camille Claudel

À quelle heure ?
À 21 h 30

Pour quoi faire ?
Faire la fête

Et comme la fête, c'est le partage
Chacun apporte
*Salades, grillades, fruits, gâteaux,
vins et champagne...*

■ Répondez à ce sujet en vous mettant dans les conditions d'examen. Suivez pour cela les conseils de préparation donnés pages 7 à 10.

oral 1

unité A1

Intitulé de l'épreuve

Identifier des faits et des informations exprimées oralement, correspondant à des situations simples de la vie quotidienne.

20 minutes environ
Noté sur 20 points
Coefficient 1

L'épreuve orale *1* porte sur la compétence réceptive. Elle est passée collectivement par l'ensemble des candidats. Vous entendrez plusieurs fois un document enregistré, ou un ensemble de deux ou trois documents plus brefs. Un questionnaire écrit vérifie et guide la compréhension.

■ L'objectif

Identifier des informations énoncées oralement.

■ Comment faire ?

1. Vérifiez que vous avez bien compris les **consignes** : le nombre de fois où vous entendrez le document, le type de questions posées (vrai ou faux, question à choix multiple, repérage d'informations...) et la manière dont vous devez y répondre (cocher ou entourer la bonne réponse, écrire le mot ou l'expression que vous avez entendue...)

2. Pendant la première écoute, concentrez-vous sur ce que vous entendez, ne prenez pas de notes écrites et ne cherchez pas à répondre tout de suite aux questions.

■ Contenu des exercices

1. Pour chaque sujet, le **premier exercice d'écoute** correspond au type de questions que vous pourrez avoir le jour de l'examen.
Ces questions portent sur les informations importantes contenues dans le document.

2. Les **autres exercices** (écoute ciblée ou lexicale, exercices de vocabulaire) ne sont pas des questions d'examen, mais des **exercices d'entraînement** destinés à améliorer votre qualité d'écoute, en vous concentrant sur des aspects de grammaire, de lexique ou de prononciation.

3. Vous trouverez pages 41 à 44, trois exemples d'épreuves complètes, telles que vous pourriez en avoir le jour de l'examen.

Document 1. Météo France

■ 1. Compréhension

Quelles affirmations correspondent au bulletin météorologique que vous venez d'entendre ?

	Vrai	Faux
Les prévisions météorologiques sont données pour une semaine entière.		
Mercredi 24 il y aura de longues éclaircies avec quelques petits nuages.		
Mercredi la température la plus basse sera de 13°.		
Jeudi, il y aura un temps pluvieux avec des températures de 22° maximum.		
Dans la nuit de jeudi à vendredi, le temps va changer.		

■ 2. Écoute ciblée : quelques détails de lexique et de grammaire

Voici des mots ou groupes de mots relevant de la météorologie. Replacez ceux que vous entendez dans la transcription ci-dessous.

> Les prévisions – la prévision / de belles éclaircies – les belles éclaircies / abondants nuages – d'abondants nuages / des petites pluies – de petites pluies / le mercure – mercure / plus bas – au plus bas / gris – grises / du crachin – des crachins / voisin de 20 à 22° – voisinant 20 à 22° / le vent – les vents / sur le littoral – près du littoral

Voici .... à sept jours du mercredi 24, et tout d'abord pour la soirée et la nuit prochaine.

.... ne sont pas durables. .... viennent de l'océan donnant .... ou crachins pour la seconde partie de la nuit. .... marque 13 à 15° ....

Vent d'Ouest faible passant Sud-Est.

Pour demain jeudi 25

Temps maussade et .... ou petites pluies le matin, les dernières plus soutenues en après-midi, le mercure est toujours .... au plus haut. .... est au Sud-Ouest soutenu .... avec quelques rafales de 50 à 60 km/h. Il passe ensuite Nord-Est le soir.

Recopiez puis complétez le tableau en écrivant, en face de chaque mot, ceux de la liste qui appartiennent au même domaine (un mot peut être utilisé plusieurs fois). Certains de ces mots sont moins courants que d'autres : vérifiez leur sens dans le dictionnaire.

> gel – averse – variable – canicule – violent – chaleur – degré – humide – orage – dégagé – inondation – torride – glacial – thermomètre – gris – pluvieux – couvert – radieux – mercure – été – changeant – neige – maussade – rafale – élevée – précipitations – voilé – brûlant – abondante

	noms	adjectifs
soleil	*canicule, chaleur, été*	*torride, voilé, brûlant*
pluie		
nuages		
froid		
ciel		
vent		
temps		
température		

Document 2. Le concert

■ 1. Compréhension

Quelles affirmations correspondent à la conversation que vous venez d'entendre ?

	Vrai	Faux
Caroline téléphone à Alban pour lui rappeler qu'il doit chanter samedi soir.		
Alban a oublié cet événement, il a organisé un voyage avec son amie Coralie.		
Caroline a réservé deux places, une pour elle-même et une autre pour son amie Évelyne.		
Alban n'aime pas la musique du dix-huitième siècle.		
Alban et Caroline se mettent d'accord pour se téléphoner vendredi soir.		
Alban est le frère de Caroline.		

■ 2. Écoute ciblée : quelques détails de grammaire – constructions verbales

Dans la transcription ci-dessous, un grand nombre de constructions verbales (verbe + infinitif, verbes simples, verbes réfléchis...) a été effacé. Restituez la transcription originale.

– O mon dieu, je suis désolé, ... Je crois que j'ai promis à Coralie
. . . . le week-end chez ses amis en Bretagne.

– Mais . . . . des places, tu adores la musique du XVIIIᵉ siècle.

– Mais oui, bien sûr, un de mes amis chante dans cette chorale, écoute . . . .
une solution, ... ce voyage en Bretagne à la semaine prochaine,
Coralie . . . .

– Bon, mais . . . . vite, ... toute seule, et je pourrais donner ta
place à Évelyne, ... à Paris et elle ne sort pas beaucoup.

Document 3. La panne

■ 1. Compréhension

Après avoir écouté plusieurs fois la conversation téléphonique, trouvez la bonne réponse.

1. Xavier téléphone à son ami Pierre
a) pour lui demander de l'aide. ☐
b) pour lui dire qu'il sera chez lui plus tard, à cause d'une panne. ☐
c) pour lui demander de lui apporter de l'essence. ☐

2. Xavier est pressé
a) parce qu'il a un rendez-vous dans un quartier éloigné. ☐
b) parce qu'il a un rendez-vous à l'Hôtel de Ville. ☐
c) parce qu'il doit être chez lui dans une heure. ☐

3. Pierre dit à Xavier
a) qu'il pourra être là dans 20 minutes. ☐
b) de lui téléphoner dans 20 minutes. ☐
c) qu'il ne pourra pas être là avant 20 minutes. ☐

4. Xavier
a) a son portable avec lui. ☐
b) n'a pas son portable avec lui. ☐
c) a oublié son numéro de portable. ☐

■ 2. Écoute ciblée : lexique de l'espace, de l'orientation

Dans la transcription de l'extrait, les indications de lieu et de direction ont été partiellement effacées. Retrouvez-les en écoutant plusieurs fois le passage puis complétez.

– J'ai rendez-vous pour un entretien d'embauche dans une heure . . . . . . la ville, je n' . . . . . . arriverai jamais sans ton aide.
– J'allais partir . . . . . . , mais tu es où exactement ?
– Je suis . . . . . . la place d'Anjou, ... la rue de Rennes, tu te rappelles, c'est là . . . . . . j'habitais avant.
– Bon, d'accord, je serai . . . . . . dans vingt minutes.
– Bien, essaie de faire le plus vite possible.

Document 4. Le cours de gym

■ 1. Compréhension

Quelles affirmations correspondent à la conversation que vous venez d'entendre ?

	Vrai	Faux
La cliente voudrait se renseigner au sujet d'un cours de stretching.		
Le cours de gymnastique, niveau 1, a lieu deux fois par semaine.		
La cliente préférerait des cours quotidiens.		
Il n'y a pas de cours quotidiens, mais il y a encore des places dans les stages de week-end.		
La cliente réserve finalement un cours qui a lieu deux fois par semaine.		
Le cours niveau 2 coûte 31 euros par mois.		

■ 2. Écoute ciblée : lexique des formalités d'inscription

Dans la transcription qui suit, des mots ou locutions relevant du domaine de l'inscription, des renseignements, etc. sont effacés. Restituez le dialogue original en écoutant le passage plusieurs fois.

– Je peux passer pour prendre .... ?
– Oui, ce serait plus simple, mais il faut faire vite, il y a beaucoup de ....
– Bon alors je .... deux fois par semaine, mais pour le niveau 2, ça coûte combien ?
– ...., c'est 31 euros
– Vous avez .... pour les moins de 25 ans ?
– Oui, bien sûr.
– Bon alors, ...

Document 5. Répondeur interactif CGR

■ 1. Compréhension

A) Première partie du document

Quelle est l'information contenue dans le document ? Cochez l'affirmation qui vous paraît correcte. Écoutez le document autant de fois qu'il le faut.

1. a) Les cinémas CGR proposent un programme très varié le lundi. ☐
   b) Dans les cinémas CGR on propose une forte réduction le lundi. ☐
   c) Les cinémas CGR sont les moins chers en France. ☐

2. a) Le service Minitel 3615 CGR offre des informations plus détaillées. ☐
   b) On peut trouver les mêmes informations sur Minitel 3615 CGR. ☐
   c) En cas de panne, retrouvez les informations sur Minitel 3615 CGR. ☐

3. a) Les places des cinémas CGR coûtent 4,26 €. ☐
   b) Le tarif réduit de lundi dans tous les cinémas CGR est de 4,11 €. ☐
   c) Le cinéma dont vous entendez le répondeur propose le tarif réduit de 4,11 €. ☐

B) Deuxième partie du document : actions et informations

Reliez par une flèche l'action à effectuer pour obtenir l'information souhaitée.

Action   **pour avoir l'information sur...**

Tapez 1 •
- l'adresse du cinéma et l'achat du ticket. (a)
- le jour et l'heure du film. (b)

Tapez 2 •
- les programmes de tous les cinémas. (c)
- l'accès aux jeux. (d)

Tapez 3 •
- ce qui se passe actuellement dans le monde du cinéma. (e)

Tapez # •
- le choix d'une autre salle. (f)
- les horaires de chaque film. (g)

■ 2. Écoute ciblée : quelques détails de grammaire et de lexique

Parmi les phrases ci-dessous, identifiez celle que vous avez entendue.

1. a) Bienvenue sur le répondeur interactif des salles CGR. ☐
   b) Bienvenue sur le répondeur interactif de salles CGR. ☐
   c) Bienvenue sur le répondeur interactif des salles de CGR. ☐

2. a) Vous allez pouvoir connaître les programmes pour nos salles. ☐
   b) Vous allez pouvoir connaître les programmes de nos salles. ☐
   c) Vous allez pouvoir connaître les programmes dans nos salles. ☐

3. a) Attention, dans ces cinémas le tarif unique CGR de lundi n'est pas de 4,26 € mais de 4,11 € seulement. ☐

b) Attention, dans ce cinéma le tarif unique CGR de lundi n'est pas 4,26 € mais 4,11 € seulement. ☐

c) Attention, dans ce cinéma le tarif unique CGR de lundi n'est pas de 4,26 € mais de 4,11 € seulement. ☐

■ 3. Écoute : reconstruction détaillée

Dans la transcription ci-dessous, un grand nombre de mots ou d'éléments « grammaticaux » (prépositions, terminaisons…) a été supprimé. Essayez de reconstituer le texte. N'hésitez pas à avoir recours à plusieurs écoutes.

Cette semaine gagn......... des places .... cinéma. Attention, ... ce cinéma le tarif unique CGR .... lundi n'est pas .... 4,26 € mais .... 4,11 € seulement.

C......... semaine nous vous propos.......... films.
Pour t.......... les horaires film .... film, tap.......... 1.
Pour le film .... l'heure et .... jour .... votre choix, tap.......... 2.
Pour l'adresse et .... conditions générales de vente, tap.......... 3.
Pour chois.......... une autre salle, tapez dièse.

Approfondissez vos connaissances lexicales : cinéma et théâtre

Trouvez pour chaque verbe de la colonne de gauche un complément qui convient. Plusieurs combinaisons sont possibles. Pour vous aider, travaillez avec un dictionnaire.

Verbe	Complément
mettre	au programme
figurer	un roman pour le cinéma
interpréter	en scène
passer	sur les écrans
sortir	un rôle
entrer	un acteur
adapter	recette
siffler	un tabac
faire	de scène
faire	en salle

Document 6. Informations routières

■ 1. Compréhension

Écoutez ces deux bulletins plusieurs fois. Cochez ensuite les affirmations qui correspondent au document que vous venez d'écouter.

Bulletin n° 1
a) On peut obtenir des renseignements sur toutes les régions en tapant un seul numéro. ☐
b) Le bulletin d'informations routière est valable pour la matinée du 23 février. ☐
c) Il n'y a pas de problèmes de circulation en Île-de-France. ☐
d) En province, les principales villes connaissent de sérieux embouteillages. ☐
e) Les routes des départements de la Somme sont partiellement bloquées à cause d'inondations. ☐

Bulletin n° 2
f) Dans les trois régions de l'Ouest, le trafic est dans l'ensemble normal. ☐
g) Samedi, très grosses difficultés de circulation dans toute la région. ☐

■ 2. Écoute ciblée : phonétique et orthographe (bulletin n° 1)

Dans le passage ci-dessous, un certain nombre de mots sont incomplets. Écoutez l'extrait plusieurs fois et complétez la transcription en trouvant la syllabe qui convient.

. . . . forma. . . . . . . routières, ... jour.
Vous allez écouter le bulle. . . . . . . d'informa. . . . . . . du . . . . tre National Routier de
Rosny-sous-Bois. À tout mo. . . . . . . si vous souhaitez obtenir des . . . . forma. . . . . . .
sur une ré. . . . . . . ou être mis en rela. . . . . . . avec . . . . opérateur, tapez . . . .
numéro de départe. . . . . . . sur deux chiffres.

Le 23 février à 21 h 15
État du trafic en Île-de-France :
La circula. . . . . . . est fluide sur l'en. . . . . ble de la ré. . . . .

État du trafic en pro. . . . . . . ce :
Le trafic est normal . . . . tre les . . . . cipales villes de la province.
Prin. . . . . . . pale coupure d'accès après les in. . . . . . . dations . . . . les départe. . . . . . .
de la Somme, axe coupé et dévié.

34

3. Écoute ciblée : lexique de la circulation routière (bulletin n° 2)

Dans la transcription ci-après, un certain nombre de mots relevant du domaine de la circulation routière manque. Écoutez le passage et complétez avec les mots ou groupes de mots qui conviennent.

Vous allez écouter le bulletin d'informations de la région Ouest.
État des routes : les .... sont satisfaisantes dans les trois régions de l'Ouest.
Samedi, la journée est .... dans les régions Ouest.
Les .... de la journée auront lieu aux abords des grandes agglomérations
aux ....

Approfondissez vos connaissances lexicales

Trouvez dans le document que vous venez d'écouter, des mots ou groupes de mots qui ont (à peu près) le même sens que les affirmations ci-dessous.

1. On ne peut plus rouler sur la même route, il faut faire un détour.
2. On peut bien rouler.
3. On voit assez bien pour rouler.
4. Un fleuve est sorti de son lit, les alentours sont sous l'eau.
5. Les autorités ont donné l'information officielle selon laquelle le trafic est fluide pour la journée.
6. Il y a des difficultés pour entrer dans les villes importantes ou en sortir.

Document 7. La réservation de train

1. Compréhension

A) Document n° 1 : serveur vocal de la SNCF

Cochez la bonne réponse.

1. Le coût du service du serveur vocal de la SNCF est de :
a) 0,34 € par minute. ☐
b) 0,35 € par minute. ☐
c) 0,33 € par minute. ☐

2. a) Le serveur vocal est à la disposition des voyageurs de 7 h à 22 heures. ☐
b) Les vendeurs SNCF sont à la disposition des clients de 7 h à 22 heures. ☐

B) Document n° 2 : conversation téléphonique

3. Écoutez plusieurs fois la conversation entre le voyageur et l'agent SNCF et relevez le maximum de détails concernant le voyage et le billet.

La ville de départ	....
La destination	....
Le jour et les heures de départ	....
Les conditions de voyage : classe, place, fumeur/non-fumeur...	....
La réduction	....
Le prix	....
Le numéro de code	....

2. Écoute ciblée : l'intonation interrogative

Dans la transcription ci-dessous, un certain nombre de phrase interrogatives manque. Complétez le texte après avoir écouté la conversation.

– SNCF bonjour.
– Bonjour, je voudrais des informations horaires pour un train direct Paris-La Rochelle.
– .... ?
– Demain.
– Donc, vendredi 11. .... ?
– Le matin.
– .... ?
– Oh non, vers 9 heures.
– Bon, un instant, alors Paris-La Rochelle, vous avez un départ à 8 heures 50, arrivée à La Rochelle gare à 11 h 50, ça vous convient ?
– Oui, c'est bien un train direct ? .... ?

– C'est un train direct. . . . . ?
– Seconde classe.
– . . . . ?
– Non-fumeur, c'est très important, je ne supporte pas l'odeur de la fumée.
– . . . . ?
– Oui, 30 % famille nombreuse.
– . . . . ?
– Ça m'est égal.
– . . . . ?
– Non, un aller simple.

Approfondissez vos connaissances lexicales

Faites correspondre chaque verbe avec un ou plusieurs compléments. Attention à la construction correcte !

Exemple : *Prendre un billet*
Prendre une réservation
Prendre un train

Prendre ●	● un voyage, en voyage, de voyage, du voyage
Réserver ●	● un billet, de billet, du billet
Acheter ●	● des souvenirs
Changer ●	● un train, de train, de ligne
Annuler ●	● une réservation, de réservation, de la réservation
Partir ●	● tout de suite, en catastrophe, en vacances
Arriver ●	● à temps, en gare, en retard, à plusieurs
Faire ●	● demi-tour, un chèque
Être ●	● cher
Payer ●	● de couchage, à main
Le prix ●	● par carte, en espèces, par chèque

Document 8. Deux émissions de radio

■ 1. Compréhension

Écoutez ces documents publicitaires plusieurs fois puis répondez aux questions ci-dessous.

1. « De quoi je me maile » est le nom :

   a) D'un hebdomadaire de la presse écrite.   ☐

   b) D'un magazine radio diffusé sur la station RMC.   ☐

   c) D'une émission de radio quotidienne.   ☐

2. Quelles rubriques sont traitées dans ce magazine ? Énumérez-les.

   ① ....

   ② ....

   ③ ....

   ④ ....

   ⑤ ....

   ⑥ ....

3. Le deuxième spot fait la publicité pour une émission diffusée :

   – chaque jour.   ☐

   – une fois par semaine.   ☐

   – deux fois par semaine.   ☐

4. Quelles rubriques sont citées dans cette émission ? Énumérez-les.

   ① ....

   ② ....

   ③ ....

   ④ ....

■ 2. Écoute ciblée : mots monosyllabiques

Dans la transcription ci-dessous, un grand nombre de mots monosyllabiques manque. Reconstituez le texte en écoutant le document plusieurs fois.

Chaque week-end .... RMC-Infos. Bonjour. « .... maile », ... votre magazine multimédias. .... actualité .... nouvelles technologies .... Net-économie, décryptée .... expliquée simplement .... découvrir .... bons plans .... Web, ... voir .... clair .... matière .... téléphonie mobile.

Document 9. Évasion

■ 1. Compréhension

Écoutez ce document publicitaire plusieurs fois pour remplir le questionnaire suivant.

Quel type de voyage est proposé ?	
Départ ? (fréquence, durée du trajet, moyen de transport...)	
Offres spéciales pour couples ?	
Offres spéciales pour familles ?	
Destination ?	
Durée du séjour	
Que faut-il faire pour profiter de cette offre ?	

■ 2. Écoute ciblée : lexique des vacances et des loisirs

Dans la transcription qui suit, un grand nombre de mots relevant du domaine des vacances et des loisirs a été effacé. Restituez le document original en écoutant l'annonce autant de fois que nécessaire.

Nous vous proposons une semaine avec . . . . Un départ tous les quinze jours. . . . . ne dure que deux heures. Vous quitterez Paris le matin vers dix heures ou le soir vers vingt-et-une heures. Un . . . . vous attendra dans nos . . . . , avec piscine, salle de sport, ... Avant de partir, vous choisirez votre . . . . vers les îles.

Pour un couple nous vous offrons . . . . avec cinquante pour cent de réduction pour chaque semaine supplémentaire.

Complétez les phrases à l'aide des mots ci-dessous.

> de me changer – l'hôtel s'appelait « Le Terminus ». – des grands départs – l'hôtel affichait complet. – des faux départs – m'exposer – me donner – au syndicat d'initiative – budget voyage – formellement interdite – en vacances – à la campagne – d'un changement d'air – au syndicat de la SCNF – vacances – argent

1. Après huit mois de travail ininterrompu, j'ai besoin de . . . .
2. Je ne peux pas aller très loin, mon . . . . n'est pas très élevé.
3. Si vous voulez voyager sans stress, il faut surtout éviter la période . . . . en vacances.
4. Arrivés sur le lieu de destination, nous avons dû constater que . . . .
5. À cause de la tempête, la baignade était . . . . pendant trois jours.
6. Je ne peux pas . . . . très longtemps au soleil, j'ai une peau très sensible.

7. Pour moi, être vraiment en …………, c'est quand on me sert le petit-déjeuner dans la chambre.

8. Pour avoir les adresses des hôtels et chambres d'hôte, nous nous sommes adressés ………… .

9. Passer ses vacances ………… c'est : l'air pur, le calme, les randonnées, la simplicité des gens.

Les trois exemples qui suivent sont extraits du « Guide des sujets du DELF et du DALF », pages 31 à 36 (Commission nationale, éditions Didier, 2001).

Vous trouverez la notation de ces épreuves, avec le texte de l'enregistrement, pages 89 à 91 de ce livret.

● Exemple 1

Vous allez entendre six annonces enregistrées dans un aéroport. Vous écouterez ce document trois fois.
- *première écoute : il n'y aura pas de pause entre les annonces. Écoutez bien, sans regarder les questions et sans prendre de notes ;*
- *vous aurez ensuite trois minutes pour lire les questions ;*
- *deuxième écoute : cette fois, vous aurez une minute après chaque annonce pour répondre aux questions ;*
- *troisième écoute : vous entendrez à nouveau les annonces, sans pause. Vous aurez encore cinq minutes pour compléter et relire vos réponses.*

Répondez aux questions en cochant la réponse exacte (☒), ou en écrivant l'information demandée.

NB : vous devez noter les numéros ou les heures <u>en chiffres</u>.

Annonce 1 :

vol n°	va à	heure de départ	porte n°
....	....	....	....

Annonce 2 :

vol n°	va à	heure de départ	porte n°
....	1. .... 2.	....	....

Ce vol est : ☐ retardé ☐ avancé ☐ supprimé.

Pour des raisons ☐ météorologiques ☐ techniques ☐ on ne sait pas.

Annonce 3 :

N° du vol : .... Nom de la ville : ....

Ce vol ☐ va partir ☐ va arriver ☐ est arrivé.

Les passagers doivent aller au comptoir pour ☐ embarquer.
☐ passer le contrôle de police.
☐ prendre leurs bagages.

Annonce 4 :

Ce vol ☐ va partir ☐ va arriver ☐ est arrivé.

Monsieur Leroy est ☐ un passager.
☐ un membre de l'équipage.
☐ un agent de l'aéroport.

Il doit ☐ descendre de l'avion ☐ monter dans l'avion ☐ changer d'avion.

Annonce 5 :

N° du vol : ....   Nom de la ville : ....

Vous avez la place **31 B**. Devez-vous monter à bord maintenant ? ☐ oui   ☐ non

Annonce 6 :

- Où peut-on fumer dans l'aéroport ?   ☐ Dans le hall.
                                                ☐ Dans la salle d'embarquement.
                                                ☐ Au 2ᵉ étage.
                                                ☐ Au 3ᵉ étage.

● Exemple 2

Vous allez entendre deux dialogues entre deux amis.
- *première écoute : vous entendrez les deux dialogues à la suite. Écoutez bien, sans regarder les questions et sans prendre de notes ; vous aurez ensuite trois minutes pour lire les questions ;*
- *deuxième écoute : le document sera divisé en trois parties. Après chaque partie, vous aurez trois minutes pour répondre aux questions.*
- *troisième écoute : vous entendrez à nouveau les dialogues sans pause. Vous aurez encore cinq minutes pour compléter et relire vos réponses.*

Répondez aux questions en cochant la réponse exacte (☒), ou en écrivant l'information demandée.

NB : vous devez noter les numéros ou les heures <u>en chiffres</u>.

Dialogue 1 – Première partie

1. Alain va visiter la Bretagne ☐ en voiture   ☐ en vélo   ☐ à pied.
2. Combien de temps part-il ? ...... semaines.
3. Dans quelles villes veut-il aller ? Entourez les noms sur la carte.

4. Dans quelle ville veut-il s'arrêter ?   ....
5. Combien de kilomètres veut-il faire ? ....

Dialogue 1 – Deuxième partie

6. Écrivez les prénoms de René, Yannick et Gérard sous leur portrait.

....

Dialogue 2

7. Alain est-il content de ses vacances ? ☐ oui ☐ non ☐ on ne sait pas.

8. Quel temps a-t-il fait ? ☐ très beau ☐ beau ☐ mauvais ☐ très mauvais.

9. Finalement, dans quelles villes sont-ils allés ? Entourez les noms sur la carte.

10. Dans quelle ville sont-ils restés à la fin ? ....

11. Pendant combien de temps ? ....

12. Comment sont-ils rentrés ? ☐ en voiture ☐ en vélo ☐ en train.

Exemple 3

Vous allez entendre quatre documents différents. Vous les écouterez trois fois.
- *première écoute : il n'y aura pas de pause entre les annonces. Écoutez bien, sans regarder les questions et sans prendre de notes ; vous aurez ensuite trois minutes pour lire les questions ;*
- *deuxième écoute : cette fois, vous aurez une minute après chaque annonce pour répondre aux questions ;*
- *troisième écoute : vous entendrez à nouveau les annonces, sans pause. Vous aurez encore cinq minutes pour compléter et relire vos réponses.*

Répondez aux questions en cochant la réponse exacte (☒), ou en écrivant l'information demandée.

NB : vous devez noter les numéros ou les heures <u>en chiffres</u>.

Document n° 1

1. Ce document parle de ☐ sport ☐ cinéma ☐ théâtre.
2. On peut avoir des informations sur... (plusieurs réponses possibles)
   ☐ les nouveautés ☐ les prix ☐ les horaires ☐ les adresses.
3. Ces informations sont valables pour
   ☐ Paris seulement ☐ plusieurs villes de France ☐ toutes les villes de France.
4. Complétez le numéro de téléphone : 36 68 ....
5. Combien coûte la communication ? .... euros/minute.

Document n° 2

1. RFI, c'est ☐ une agence de tourisme ☐ une radio ☐ on ne sait pas.
2. RFI propose
   ☐ du travail à l'étranger.
   ☐ des voyages organisés.
   ☐ des billets d'avion moins chers.
3. Écrivez le numéro de téléphone : ....
4. On peut appeler ce numéro
   ☐ seulement pendant la journée.
   ☐ seulement pendant la nuit.
   ☐ le jour et la nuit.

Document n° 3

1. Que propose-t-on ? ☐ des voyages ☐ des cartes postales ☐ un jeu
2. Que faut-il faire ? ☐ répondre à des questions
   ☐ envoyer une photo
   ☐ écrire une carte
3. Que peut-on gagner ? ☐ un voyage ☐ des cartes postales ☐ de l'argent
4. La date limite, c'est le ....

Document n° 4

1. La formule « pizzas et légumes à volonté », c'est... (plusieurs réponses possibles)

	du lundi au samedi	le dimanche
pour le déjeuner		
pour le dîner		

2. La formule « 2 pizzas pour le prix d'une », c'est...

	du lundi au samedi	le dimanche
pour le déjeuner		
pour le dîner		

oral 2

unité A1

Intitulé de l'épreuve

S'entretenir avec le jury sur un sujet de vie quotidienne concernant le candidat, pouvant prendre la forme d'un dialogue simulé.

Préparation : 30 minutes maximum (renseignez-vous auprès de votre centre d'examen)
Durée de l'épreuve : 15 minutes maximum
Notée sur 20
Coefficient 1

L'épreuve orale *2* est une épreuve d'expression orale.

L'épreuve orale *2* demande de savoir :
– se présenter, parler de soi et de sa vie quotidienne ;
– décrire/caractériser des personnes, des objets, des lieux, des situations ;
– donner, demander une information simple ;
– exprimer un goût ou une préférence, formuler une appréciation ;
– accepter ou refuser, remercier, s'excuser.

■ Nature de l'épreuve

Deux formules différentes sont possibles.

Formule 1 : un entretien portant sur un aspect de la vie quotidienne.
Dans ce cas, l'examinateur vous laissera d'abord prendre la parole pour présenter ce que vous avez préparé, puis il vous posera des questions et dialoguera avec vous.

Formule 2 : un dialogue simulé ; le candidat joue un rôle, l'examinateur est son interlocuteur.
Certains centres d'examen proposent uniquement l'une de ces formules ; d'autres peuvent vous laisser le choix entre les deux formules. Lisez donc bien la consigne, et n'hésitez pas à demander des précisions au jury avant de commencer à préparer.

■ Remarques générales

Vous aurez 30 minutes de préparation au maximum pour cette épreuve, et 15 minutes maximum avec le jury pour les deux épreuves. Le plus important, une fois la préparation faite, c'est le **contact** avec l'examinateur. Il y aura quelquefois deux professeurs, celui qui dialogue avec vous et un observateur.

Après les salutations, concentrez-vous uniquement sur votre partenaire dans le dialogue. Regardez-le, **n'hésitez pas à lui sourire !**

Pendant le dialogue ou l'entretien, soyez à l'écoute de votre interlocuteur : notez bien ses réactions, **utilisez les idées qu'il peut vous donner** ; c'est ce qui fera l'intérêt du dialogue. Cela vous rapprochera du « naturel » souhaité par les examinateurs.

Formule 1 : entretien sur un sujet de vie quotidienne

Intitulé de l'épreuve

- Parler librement deux ou trois minutes sur un thème, sans lire de notes.
- Décrire votre « monde » : les personnes, les lieux, vos activités habituelles. Pour cela, un vocabulaire très concret vous sera utile.
- Répondre à des questions et apporter des détails ou des précisions.

■ Comment faire ?

• Pour la préparation :
- trouver le plus d'idées possible, les classer.

• Pour la prise de parole :
- faire une petite phrase d'introduction et de conclusion ;
- présenter les choses de manière claire et facile à suivre pour votre interlocuteur.

• Pour l'entretien proprement dit :
- réagir aux questions posées.

Pour cette partie, voir les remarques générales consacrées à l'oral, page 45.

Panorama des sujets

Il s'agit de thèmes courants de la vie quotidienne. Voici à titre indicatif, un panorama des thèmes possibles.

■ 1. Entourage immédiat

– **La famille :** Présentez un membre de votre famille.

– **Les amis :** Parlez de vos amis.
Si vous deviez offrir un cadeau à l'un d'entre eux, comment le choisiriez-vous ?

– **Vos animaux familiers :** Décrivez un animal familier.
Parlez de ses habitudes, de ses relations avec son maître.

– **Votre maison :** Où habitez-vous ? Au centre-ville, en banlieue, à la campagne ?
Parlez de votre logement. Dites pourquoi il vous plaît.
Décrivez la maison, l'appartement de vos rêves.
Décrivez une maison de vacances.

– **Votre environnement :** Parlez de votre région d'origine.
Parlez de votre quartier, de votre village. Décrivez votre rue :
les endroits familiers, les voisins, les commerçants.

■ 2. L'expérience professionnelle

– **À l'étranger :** Avez-vous travaillé à l'étranger ? Où ?
Quels pays connaissez-vous bien ?
Quelles langues étrangères parlez-vous ?

– **Dans votre pays :** Décrivez une journée de travail type.
Parlez de votre moyen de transport préféré (le métro, le bus,
le tramway, la voiture...).

– **Les technologies modernes :** Dans le cadre de votre travail, est-ce que vous avez
un ordinateur, un télécopieur, un magnétoscope ?
Utilisez-vous souvent Internet ?

■ 3. Loisirs

– **Quelle est votre activité de loisir préférée ?**

– **Le sport :** Parlez des sports que vous pratiquez. Quel sport aimeriez-vous apprendre ?

– **La télévision :** Regardez-vous beaucoup la télévision ? Quand ? Quelles émissions ?
Quelle est votre émission de télévision préférée ?

– **Le cinéma/le théâtre :** Allez-vous souvent au cinéma ? au théâtre ?
Avez-vous un acteur de théâtre, de cinéma préféré ?
Décrivez-le.

– **La musique :** Est-ce que vous allez au concert ? à l'opéra ?
Parlez de la musique que vous aimez écouter.

– **La lecture :** Avez-vous le temps de lire ?
Quel type de lecture (journal, magazine, roman, etc.) ?
Lisez-vous en français ?

– **Les musées :** Racontez la visite d'un musée, dans votre pays ou à l'étranger, qui vous
a beaucoup plu.

– **Les sorties :** Décrivez votre café favori. Décrivez votre restaurant favori.
Parlez d'une grande fête très réussie que vous avez organisée ou bien
où vous étiez invité(e).

– **La mode :** Où aimez-vous acheter vos vêtements ? Comment les choisissez-vous ?
Pourriez-vous décrire votre style d'habillement ?
Parlez d'un de vos vêtements préférés.

– **Les vacances :** Comment passez-vous habituellement vos vacances ?
Décrivez les vacances de vos rêves.
Avez-vous déjà fait un grand voyage ?
Quel nouveau pays souhaiteriez-vous découvrir ?

■ **4. Traditions de votre pays**

Parlez des spécialités de votre pays, de votre région ou de votre ville. Pour vous aider, remplissez la fiche thématique page 50.

Comment préparer un sujet

Voici un exemple de sujet pour lequel les étapes de préparation sont développées.

■ 1. Consigne

Pouvez-vous nous parler du style de vacances que vous préférez ?

■ 2. La recherche d'idées

Placez le mot-clé de votre sujet au milieu d'une feuille, et écrivez, sous forme de mots, pas de phrases, tout ce qui vout vient à l'idée à partir de ce thème.

MON STYLE DE VACANCES PRÉFÉRÉ

– mer, plage : au Pays Basque
– soleil : bronzer
– faire des grillades dans le jardin
– amis : partir avec des amis que je connais bien
– rencontrer des gens intéressants : aller au restaurant
– se promener : découvrir les environs
– sport : ski nautique – natation

Ensuite, à partir des 5 questions habituelles : qui ? quoi ? où ? quand ? comment ? complétez vos idées, ajoutez des éléments concrets.

■ 3. Introduire, classer, conclure

Rédigez la phrase d'introduction, classez les idées, rédigez la phrase de conclusion, et conjuguez les verbes.

• Phrase d'introduction
Moi, pendant les vacances, j'aime aller au bord de la mer, avec des amis.

• Quelques idées
– région préférée : le Pays Basque ;
– une maison avec jardin pour les grillades ;
– des amis ;
– j'aime faire la connaissance de nouvelles personnes ;
– soleil : je bronze sur la plage.
– sport : ski nautique, natation ;
– je vais dîner au restaurant.
– je danse toute la nuit.
– quelques excursions ou randonnées.

• Phrase de conclusion
C'est vraiment un moment merveilleux où j'oublie tous mes soucis, où je m'amuse.

■ 4. Entraînez-vous à prendre la parole

À partir de ces mots, parlez quelques minutes, à deux si vous pouvez ou seul, et en vous enregistrant au magnétophone.

Objectifs
– prendre conscience du temps : 2 ou 3 minutes, c'est long ;
– s'habituer à parler à partir de notes, à se concentrer sur le contenu ;
– s'écouter, si l'on s'enregistre.

Préparation

À partir de votre situation personnelle, amusez-vous à écrire des fiches de vocabulaire que vous compléterez peu à peu, à l'aide de dictionnaires ou avec une personne parlant français, des amis... Ce sera très utile !

■ 1. Décrire sa situation personnelle

Voici un exemple de fiche thématique

• **Si je dois parler de mon appartement.**

– **Comment il est :** Mon appartement a 4 pièces, deux chambres, une salle à manger, une cuisine, une salle de séjour.
Détail préféré : la cuisine est bien équipée.
L'appartement est clair, calme, ensoleillé, beau, ancien/rénové, pratique, grand.

– **Où il se trouve :** au centre-ville, dans un quartier calme/vert/bruyant/neuf.

– **Depuis combien de temps j'y habite :** depuis un an. J'ai emménagé à Noël.
Depuis toujours, c'était l'appartement de ma grand-mère.

– **Pourquoi il me plaît :** parce qu'il est grand, ancien...
Parce que j'ai choisi les meubles, la décoration.

Complétez les fiches thématiques qui suivent

• **Si je dois parler à un Français de mon pays.**

– **Des monuments/curiosités de votre ville ou des alentours**
Leur nom : ....
Où ils se trouvent : ....
Ce qu'on peut y voir : ....
Comment y aller : ....
Proposez une sélection à un ami : ....

– **Des fêtes traditionnelles**
Leur nom : ....
Leur date : ....
Où elles ont lieu : ....
Ce qui se passe ce jour-là : ....
Décrivez-lui votre fête préférée : ....

– **De la cuisine**
Le nom d'une spécialité : ....
Comment la préparer : ....
Un menu typique : ....
Recommandez-lui un bon restaurant avec sa spécialité : ....

– De vos sorties

    Le programme : ....

    Les horaires : ....

    Où on peut sortir le soir : ....

    Proposez-lui une de vos sorties préférées le soir : ....

■ 2. Construire un dictionnaire personnalisé

À partir des sujets suivants, développez vos propres fiches et votre dictionnaire personnalisés.

• Est-ce que vous vivez dans une grande ville, dans le centre-ville, en banlieue ou à la campagne ? Quels sont les avantages et les inconvénients ?

• Aimez-vous faire la cuisine ? Quelles sont vos habitudes culinaires pendant la semaine et pendant le week-end ?

• Est-ce que la musique tient une place importante dans votre vie quotidienne ? Jouez-vous d'un instrument de musique ? Allez-vous souvent au concert, pour quel genre de musique ?

• Aimez-vous bricoler, jardiner, peindre, restaurer de vieux meubles, décoration intérieure ou toute autre activité créatrice ? Quand la pratiquez-vous ? Avec qui avez-vous appris à développer ces talents ?

• Avec vos amis, aimez-vous organiser de grandes fêtes spontanées ou préférez-vous organiser des dîners pour 3 ou 4 personnes ? Quelles personnes aimez-vous voir réunies autour de vous le jour de votre anniversaire ? Avez-vous des souvenirs de soirées inoubliables ?

• Avez-vous un animal de compagnie ? Pourquoi ? La vie quotidienne est-elle plus agréable ou plus compliquée avec un animal à la maison ?

• Êtes-vous un grand lecteur de livres, de journaux, de magazines ? Ou n'avez-vous pas le temps ? Quelles sont vos lectures préférées aujourd'hui ?

• Consacrez-vous beaucoup de temps et d'argent pour acheter des vêtements, pour vos soins de beauté ? Est-il important pour vous d'être à la mode ?

• Préférez-vous faire vos courses dans un supermarché ou dans un petit centre commercial ? Pourquoi ? Comment vous organisez-vous dans la vie quotidienne ? Les petits commerces ont-ils disparu dans votre ville ou votre quartier ?

• Quels moyens de transport utilisez-vous dans votre vie quotidienne, vos week-ends, vos vacances ? Pouvez-vous imaginer de changer d'habitude pour faire des économies ou pour protéger la nature ?

Et maintenant... à vous !

Voici quatre sujets, tels que vous pourriez les recevoir le jour de l'examen.

● **Premier exemple**

■ **1. Consigne**

Pourriez-vous nous parler d'un quartier de votre ville que vous aimez beaucoup ?

■ **2. Recherche d'idées**

MON QUARTIER PRÉFÉRÉ : LE MARAIS
– quartier historique : beaucoup de petits magasins (artistes, mode, antiquités) – hôtels magnifiques
– Musée Picasso
– atmosphère animée, petites rues, petits cafés, place des Vosges, beaucoup de touristes
– magasin spécialisé dans les perles en bois, en céramique, etc.
– s'asseoir aux terrasses, observer les gens

■ **3. Introduire, classer, conclure**

• Phrase d'introduction
J'aime beaucoup Paris, et surtout le vieux quartier du Marais...

• Quelques idées
– quartier historique
– des hôtels magnifiques, par exemple l'hôtel Salé qui abrite le musée Picasso
– la place des Vosges
– la rue des Rosiers
– beaucoup de petits magasins :   – art,
                                       – mode,
                                       – antiquités,
                                       – choses extraordinaires (ex. : magasin de perles...)
– atmosphère très animée
– je m'asseois à la terrasse des cafés, j'observe les gens

• Phrase de conclusion
J'y vais souvent, et je ne regrette jamais ces promenades.

■ **4. Entraînez-vous à prendre la parole**

À partir de ces mots, parlez quelques minutes, à deux si vous pouvez ou seul, et en vous enregistrant au magnétophone.

Objectifs
– prendre conscience du temps : 2 ou 3 minutes, c'est long ;
– s'habituer à parler à partir de notes, à se concentrer sur le contenu ;
– s'écouter, si l'on s'enregistre.
    Questions de contrôle : Comprenez-vous ce que vous dites ?
                                  Avez-vous parlé assez lentement, clairement ?
                                  Êtes-vous assez expressif ?
                                  Est-ce intéressant ?

● Deuxième exemple

■ 1. Consigne

Comment imaginez-vous la maison idéale ?

■ 2. Recherche d'idées

LA MAISON IDÉALE

– architecture moderne
– un grand jardin
– une grande cuisine où on peut recevoir des amis
– à la campagne
– un étage – une chambre d'amis – peu de meubles (plutôt modernes, en bois) – deux salles de bains – une terrasse

■ 3. Introduire, classer, conclure

• Phrase d'introduction
La maison idéale pour moi, c'est une grande maison à la campagne, avec une belle cuisine pour accueillir des amis.

• Quelques idées
– une salle de séjour avec terrasse
– deux salles de bains
– une cuisine bien équipée, claire, ensoleillée
– bien sûr, une chambre d'amis
– pas trop de meubles, en bois
– un jardin que je fais moi-même
– j'organise souvent des fêtes dans le jardin

• Phrase de conclusion
J'aimerais la construire moi-même pour avoir exactement la maison de mes rêves.

■ 4. Entraînez-vous à prendre la parole

À partir de ces mots, parlez quelques minutes, à deux si vous pouvez ou seul, et en vous enregistrant au magnétophone.

Objectifs

– prendre conscience du temps : 2 ou 3 minutes, c'est long ;
– s'habituer à parler à partir de notes, à se concentrer sur le contenu ;
– s'écouter, si l'on s'enregistre.

    Questions de contrôle : Comprenez-vous ce que vous dites ?
                       Avez-vous parlé assez lentement, clairement ?
                       Êtes-vous assez expressif ?
                       Est-ce intéressant ?

● Troisième exemple

■ 1. Consigne

Parlez-moi de votre sport préféré, de la place du sport dans votre rythme de vie.

■ 2. Recherche d'idées

MON SPORT PRÉFÉRÉ

– Le tennis
– Le golf
– Le plaisir : d'être en forme, d'apprendre, de progresser, de gagner
– Le goût du risque
– Le sport de plein air
– Sport et relaxation
– Sport nautique : la voile, le ski nautique, la planche à voile
– L'entraînement : une fois par semaine, plusieurs fois par semaine
– Sport d'équipe : le football, le beach-volley
– Les matchs : l'ambiance sportive, l'esprit de compétition

■ 3. Introduire, classer, conclure

• Phrase d'introduction
J'adore le sport, toutes les activités sportives, c'est essentiel pour moi pour être en pleine forme.
ou
Je suis désolé, je déteste le sport et surtout pratiquer un sport mais je m'intéresse à quelques compétitions sportives : les tournois de tennis, les jeux olympiques d'hiver.

• Quelques idées
– J'aime découvrir de nouveaux sports.
– J'ai joué pendant longtemps au handball.
– Je n'ai plus le temps de faire du sport.
– J'aime l'ambiance dans les groupes sportifs.
– Quand je fais du sport, j'oublie mes soucis, la vie quotidienne.
– Je préfère le sport d'hiver, le ski, le skateboard.

• Conclusion
J'aimerais avoir plus de temps pour faire plus de sport, participer à des compétitions.
ou
La compétition, la violence dans le sport me font peur, vive le yoga !

■ 4. Entraînez-vous à prendre la parole

À partir de ces mots, parlez quelques minutes, à deux si vous pouvez ou seul, et en vous enregistrant au magnétophone.

Objectifs

– prendre conscience du temps : 2 ou 3 minutes, c'est long ;
– s'habituer à parler à partir de notes, à se concentrer sur le contenu ;
– s'écouter, si l'on s'enregistre.
  Questions de contrôle : Comprenez-vous ce que vous dites ?
                           Avez-vous parlé assez lentement, clairement ?
                           Êtes-vous assez expressif ?
                           Est-ce intéressant ?

● Quatrième exemple

■ 1. Consigne

Êtes-vous satisfait de votre vie professionnelle ?

■ 2. Recherche d'idées

MA VIE PROFESSIONNELLE

– Mes collègues
– Mes horaires : à plein temps, à mi-temps, le rythme quotidien
– Mon poste : je m'occupe de…, je suis responsable de… je produis
– Mes compétences
– Mes congés, mes vacances
– Mes tâches préférées
– Mes projets
– Mon cadre de travail, mon bureau
– Ce que je n'aime pas
– Un travail d'équipe

■ 3. Introduire, classer, conclure

• Phrase d'introduction

Je vais vous présenter ma vie professionnelle, mon cadre de travail, mon poste, ce que j'aime et ce que j'aime moins dans ma vie professionnelle.

• Quelques idées

– Mon travail me plaît beaucoup mais j'aimerais changer de poste pour avoir une nouvelle expérience professionnelle
– Je vais suivre une nouvelle formation
– J'aimerais un travail moins routinier
– J'aime travailler en équipe

• Conclusion

J'ai la chance d'avoir un travail intéressant, parfois trop prenant mais je suis satisfait dans l'ensemble.

■ 4. Entraînez-vous à prendre la parole

À partir de ces mots, parlez quelques minutes, à deux si vous pouvez ou seul, et en vous enregistrant au magnétophone.

Objectifs

– prendre conscience du temps : 2 ou 3 minutes, c'est long ;
– s'habituer à parler à partir de notes, à se concentrer sur le contenu ;
– s'écouter, si l'on s'enregistre.

Questions de contrôle : Comprenez-vous ce que vous dites ?
Avez-vous parlé assez lentement, clairement ?
Êtes-vous assez expressif ?
Est-ce intéressant ?

Formule 2 : dialogue simulé sur un thème choisi par le jury

Intitulé de l'épreuve

– Mener un dialogue semblable aux jeux de rôles de vos méthodes habituelles. Votre capacité à poserr les bonnes questions, à réagir à l'imprévu donnera à ce dialogue le « naturel » souhaité par le jury.

– Prévoir les réactions de votre partenaire puisque vous préparez seul ce dialogue, sans savoir comment votre interlocuteur va réagir à vos propositions et à la situation.

■ Comment faire ?

• Pour la préparation :
– dresser la liste des questions à poser, des informations à donner qui ne dépendent que de vous.

• Pour la prise de parole :
– prévoir des conflits (refus, avis non partagé...) ou des éléments inattendus.

Comment préparer un sujet

Voici un exemple de sujet pour lequel les étapes de préparation sont développées.

■ 1. Consigne

Cette annonce de journal vous intéresse et vous téléphonez au numéro indiqué. Vous êtes Monsieur Perrin.

> Échange appartement 150 m² dans villa à Aix contre villa trois personnes près de l'Atlantique pour deux ou trois semaines. Entre le 15/07 et le 31/08.
> Tél. 01 42 07 44 31.

■ 2. Caractériser

– Vous : une famille de deux personnes.

– Votre logement : une maison de quatre pièces, avec un petit jardin, à dix minutes à pied de la mer, en Vendée.

– Votre période de vacances : quinze jours seulement, du 15 au 30. 07.

– Vos priorités : un jardin, un endroit calme.

■ 3. Préparer 5 à 10 questions ou réponses qui vous seront utiles

– Est-ce qu'on peut utiliser le jardin ?

– Comment sont les voisins ? Ils ont des enfants ?

– L'appartement est au rez-de-chaussée ?

– Comment est-il situé ? Loin du centre-ville ?

– Est-il calme ?

– Y a-t-il des magasins à proximité ?

■ 4. Prévoir quelques variantes

– Les animaux : cette famille a un chien ; l'acceptez-vous ?

– L'entretien du jardin : vous devez arroser le jardin ; êtes-vous d'accord ?

■ 5. Rédiger la phrase d'introduction

« Allô, bonsoir... Je vous appelle au sujet de votre appartement. J'ai lu votre annnonce et je suis intéressé. »

■ 6. Exemple de dialogue

M. DUMAS : Allô ?

M. PERRIN : Bonsoir, Monsieur Perrin à l'appareil, je vous appelle au sujet de votre annonce.

M. DUMAS : Oui bonsoir, vous habitez dans quelle région ?

M. PERRIN : J'habite à St-Jean-de-Monts, en Vendée. Nous avons une belle petite maison de quatre pièces avec un jardin. Cela vous intéresse ?

M. DUMAS : Oui, bien sûr ! Votre maison est loin de la mer ?

M. PERRIN : Non, pas du tout, à 10 minutes environ.

M. DUMAS : À pied ou en voiture ?

M. PERRIN : À pied ; il y a un petit chemin qui mène directement à la mer. Et votre appartement, il est situé où ?

M. DUMAS : En plein centre d'Aix, dans une rue très calme. Nous avons une terrasse de 15 m^2.

M. Perrin : Ah, c'est parfait, nous voulons aller à Aix pour le festival d'Art lyrique ; nous sommes des passionnés d'opéra, et comme nous n'avons pas de voiture, nous cherchons quelque chose de central.

M. DUMAS : Alors c'est bien, vous serez très contents… Mais autour de votre villa, il y a un jardin ?

M. PERRIN : Oui, je vous l'ai dit, un grand jardin. Si vous avez des enfants, c'est idéal !

M. DUMAS : Oui, nous avons une petite fille de 4 ans… mais dites-moi, il y a combien de chambres dans votre villa ?

M. PERRIN : Deux chambres, deux belles chambres et un immense salon-salle à manger qui donne sur le jardin… Vous pourrez vous occuper du jardin, cela ne vous dérange pas ?

M. DUMAS : Non, pas du tout, j'ai moi-même beaucoup de plantes. Mais j'ai encore une question, nous avons un chien, cela ne vous ennuie pas ?

M. PERRIN : Un chien ?! Écoutez… cela dépend… c'est un gros chien ?

M. DUMAS : Euh… non… enfin… oui, c'est un gros chien mais très gentil, très calme !

M. PERRIN : Oui, bon, mais je ne sais pas si c'est possible… nous avons de très beaux tapis. Je vais en parler à ma femme. Je vous rappellerai.

M. DUMAS : Bonsoir Monsieur Perin, j'attends votre appel.

M. PERRIN : Bien d'accord. Pouvez-vous me donner votre nom s'il vous plaît ?

M. DUMAS : Monsieur Dumas. Bonsoir et à bientôt donc.

Préparation

À partir des quatre sujets proposés, entraînez-vous à rédiger un dialogue.

● **Premier exemple**

■ **1. Consigne**

Dans une bijouterie, vous choisissez un cadeau pour un(e) ami(e). Imaginez le dialogue.

■ **2. Caractériser**

• Prenez les **mots-clés** de votre sujet et trouvez leurs caractéristiques.
– L'ami(e) :
  Une femme, un homme ?
  De quel âge ? Comment est-il/elle ?
  Style : sportif, raffiné, classique... ?

• Cherchez deux adjectifs pour chaque question.
– Le cadeau :
  « – Vous avez une idée précise ?
  – Oui, une montre. »
  Vous cherchez une montre à quartz, digitale ?
  Quelle forme : ronde, carrée, rectangulaire ?
  À quel prix ? (minimum, maximum ?)

■ **3. Préparer 5 à 10 questions ou réponses qui vous seront utiles**

– Le prix : « C'est combien ? Ça coûte combien ? »
– La forme : « Vous avez un autre modèle ? »
– Le style : « C'est bien pour un homme ? »
– Le paquet cadeau : « Vous me faites un paquet cadeau ? »
– Le type : « Je préfèrerais une montre de plongée. »

■ **4. Prévoir quelques variantes**

– Le prix : « Je trouve que c'est trop cher »
– La montre ne vous plaît pas : « Ce n'est pas vraiment ce que je cherche... »
– Vous aimeriez avoir plus de choix : « Vous pouvez me proposer autre chose ? »

■ **5. Préparer votre phrase d'introduction**

Écrivez la phrase que vous direz tout de suite après les salutations :
« Bonjour, je voudrais acheter une montre pour un(e) ami(e). »

● **Deuxième exemple**

■ **1. Consigne**

Vous avez acheté un vêtement la semaine dernière, malheureusement vous vous êtes trompé de taille et la couleur ne vous plaît plus. Vous retournez dans la boutique pour trouver une solution.

■ **2. Caractériser**

– Votre style de vêtement préféré : classique.

– Le problème :
Le vêtement est trop serré, vous n'êtes pas à l'aise. Vous avez demandé la taille 42, le vendeur vous a donné un 40. Dans la boutique, la couleur était belle, dehors, c'est une catastrophe.

– **Votre décision** : Vous ne voulez pas garder ce vêtement qui a coûté très cher.

■ **3. Préparer 5 à 10 questions ou réponses qui vous seront utiles**

– Est-ce que je peux échanger ce vêtement ?

– Avez-vous ce vêtement en taille 42 ?

– J'aimerais le même style mais un peu plus classique.

– Est-ce que je peux avoir un bon d'achat ?

– Est-ce que vous pouvez me rembourser ?

– Avez-vous le même modèle mais dans d'autres coloris ?

– Votre vendeur n'a pas fait attention, il s'est trompé.

■ **4. Préparer quelques variantes**

– C'est un modèle de l'an dernier ?

– C'est un article en soldes, je peux quand même être remboursé ?

– Je suis désolé, je n'ai pas pu venir plus tôt vous rapporter ce vêtement.

– Soyez compréhensif ! Ce modèle ne me plaît plus du tout.

– Bien, je vais réfléchir.

■ **5. Rédiger la phrase d'introduction**

« Bonjour, madame, vous vous souvenez de moi ? Je suis venue la semaine dernière, j'ai acheté ce pull mais j'ai un problème. »

● Troisième exemple

■ 1. Consigne

Vous êtes en vacances. Vous logez dans un hôtel. Vous n'êtes pas satisfait, vous avez décidé de discuter avec le gérant de cet hôtel pour trouver un accord ou partir.

■ 2. Caractériser

– Depuis une semaine, il y a eu trop de problèmes.

– Je ne peux pas dormir, le quartier est trop bruyant.

– La télévision est en panne.

– Le ménage n'est pas fait tous les jours !

– Votre décision :

Si la situation ne s'améliore pas, vous partirez le soir même.

■ 3. Préparer 5 à 10 questions-réponses qui vous seront utiles

– Est-ce que je peux changer de chambre ?

– Je préférerais une chambre qui donne sur le jardin.

– J'ai déjà expliqué ce problème à la réception.

– Je voudrais annuler mon séjour et partir plus tôt.

– Ce sera réparé demain ?

– À qui dois-je m'adresser ?

■ 4. Préparer quelques variantes

– Les services ne correspondent pas aux informations que j'ai reçues.

– Que me proposez-vous comme dédommagement ?

– J'ai été très patiente mais maintenant, je n'attendrai plus très longtemps.

■ 5. Rédiger la phrase d'introduction

« Bonsoir, je voudrais vous rencontrer pour vous expliquer ma situation. Je ne suis pas très satisfait et j'envisage de quitter votre hôtel. »

● Quatrième exemple

■ 1. Consigne

Vous avez lu cette annonce. Vous êtes intéressé pour avoir plus de renseignements.

> Pour les vacances d'été
> Particulier échange son appartement
> à Paris contre un appartement/maison
> en Provence ou en Bretagne
> Téléphonez au 04 48 72 25 30

■ 2. Caractériser

– Vous désirez passer un mois à Paris.

– Les hôtels sont très chers, c'est une solution qui vous paraît idéale.

– Vous souhaitez avoir plus d'explications car vous avez peur des conséquences en cas de problèmes.

■ 3. Préparer 5 à 10 questions ou réponses qui vous seront utiles

– Quelles sont les conditions financières de cet échange ?

– Faut-il être membre d'une association, d'une fédération ?

– Combien de temps désirez-vous rester dans ma maison ?

– Acceptez-vous un couple avec des enfants ?

– Que se passe-t-il en cas de problèmes, de dégâts ?

■ 4. Prévoir quelques variantes

– Vous avez déjà entendu parler de ces échanges d'appartements.

– Vous voudriez recevoir une description aussi complète que possible de l'appartement.

– Vous aimeriez rencontrer la personne pour en discuter.

■ 5. Rédiger la phrase d'introduction

« Bonsoir j'ai lu votre annonce et cette proposition me paraît formidable. Pouvons-nous en discuter ? »

Et maintenant... à vous !

Voici 8 sujets avec deux types d'exercices : cinq questions pour lesquelles vous proposerez des réponses ou un dialogue à compléter.

● Sujet 1

Vous passez vos vacances en Bretagne et vous avez gagné 68 600 € au loto. Un journaliste local vient vous poser quelques questions. Il vous demande :
– de vous présenter,
– de parler de vos activités, de vos vacances au village,
– de dire ce que vous allez faire avec la somme gagnée.
L'examinateur joue le rôle du journaliste.

■ Consigne

Voici 5 questions, trouvez trois réponses possibles pour chacune.

1. Vous jouez depuis longtemps au loto ?
2. Qu'allez-vous faire de cet argent ?
3. Comment avez-vous réagi quand vous avez appris la nouvelle ?
4. Vous venez depuis longtemps dans le village ?
5. Vous jouez à d'autres jeux ?

● Sujet 2

Vous êtes depuis une semaine à Paris, où vous allez étudier un an à la Sorbonne. Vous rencontrez par hasard devant le Centre Pompidou Yoko, une étudiante japonaise, que vous connaissez un peu. Vous décidez d'aller prendre un café et vous parlez de votre nouvelle vie (logement, cours, loisirs, amis...).
L'examinateur joue le rôle de l'étudiante japonaise.

■ Consigne

Voici un dialogue tel qu'il pourrait se dérouler le jour de l'examen. Complétez-le.

YOKO   : Bonjour Jean-Yves, comment vas-tu ?

Vous êtes étonné de voir Yoko, que lui dites-vous ?

JEAN-YVES : ....

YOKO   : Je veux visiter le Centre Pompidou. Mais ce n'est pas ouvert. C'est trop tôt !

Vous lui proposez d'aller au café.

JEAN-YVES : ....

YOKO   : Oui d'accord, je n'ai pas encore pris de café ce matin !

Vous lui posez des questions sur son inscription à l'université.

JEAN-YVES : ....

YOKO   : Oui, mais c'était un peu compliqué... heureusement la secrétaire était très gentille.

JEAN-YVES : Moi, j'ai eu des problèmes pour trouver un logement mais maintenant je suis très content, j'ai une chambre à la Cité Universitaire.

YOKO	:	Moi, je cherche une chambre, mais c'est très cher. Je vais visiter quelque chose demain dans le 17ᵉ arrondissement…
JEAN-YVES	:	Oh ! Dans les quartiers chics !
YOKO	:	Oui, mais c'est une chambre de bonne…

Vous lui posez une question sur Paris.

JEAN-YVES	:	………………
YOKO	:	Oui, énormément, j'adore Paris. Tu sais, j'aimerais faire un stage chez un grand couturier…
JEAN-YVES	:	Oui ? Raconte-moi, tu t'intéresses à la mode ?
YOKO	:	Oui, au Japon, j'ai fait des études de stylisme et j'ai travaillé chez un couturier.

Vous demandez des précisions.

JEAN-YVES	:	………………
YOKO	:	Je dessine des modèles, je m'occupe du choix des couleurs…
JEAN-YVES	:	Tu travailles avec les mannequins ?
YOKO	:	Les mannequins ? Je ne comprends pas. Qu'est-ce que c'est ?
JEAN-YVES	:	Les jeunes femmes qui portent les robes…
YOKO	:	Ah oui ! Les mannequins ! Non pas souvent. Je travaille dans les ateliers. Mais si tu veux, je te montrerai des photos de mon travail.
JEAN-YVES	:	Oh oui, avec plaisir ! Tu sais Yoko, je connais bien le Centre Pompidou. Je t'accompagne, d'accord ?
YOKO	:	Oh ! c'est sympa ! D'accord, allons-y.

• Sujet 3

Vous jouez le rôle de Xavier, professeur de musique, qui a mis cette petite annonce. L'examinateur est intéressé. Il vous appelle.

> Professeur de musique donne cours de guitare tous niveaux : cours individuels ou en groupe.
> Contactez Xavier au 01 47 82 19 28.

■ Consigne

Trouvez des réponses possibles à ces questions pour jouer le dialogue.

1. Ce sont des cours individuels ou en groupe ?
2. C'est combien de l'heure ?
3. Les cours ont lieu chez vous ?
4. Vous donnez des cours de guitare depuis longtemps ?
5. Vous acceptez les vrais débutants ?

Sujet 4

Un(e) de vos ami(e)s a participé à un circuit de huit jours en car, à travers la France. Vous allez partir dans un mois avec la même agence, pour le même circuit. Vous discutez avec votre ami(e) pour avoir plus d'informations pratiques. L'examinateur joue le rôle de votre ami(e).

Consigne

Complétez ce dialogue.

L'AMIE : Alors, Françoise, tu vas partir le mois prochain, tu es contente ?

FRANÇOISE : Oui, mais j'aimerais te poser quelques questions...

L'AMIE : Oui, bien sûr !

Vous posez une question sur le rythme des journées.

FRANÇOISE : ....

L'AMIE : Non, pas du tout ! Nous nous sommes levés deux fois à 6 h 30 ; les autres jours nous avons dormi plus longtemps.

Vous posez une question sur le temps.

FRANÇOISE : ....

L'AMIE : Un temps magnifique ! Il ne faisait pas trop chaud. Il n'a plu qu'une seule fois, un soir.

Vous posez une question sur les hôtels.

FRANÇOISE : ....

L'AMIE : Tu sais, les hôtels ne sont pas toujours très confortables, mais pour le prix...

FRANÇOISE : Oui, mais il ne sont pas trop bruyants au moins ?

L'AMIE : Non, ça va. Un soir nous avons même dormi dans un hôtel de grand luxe. C'était merveilleux.

Vous posez une question sur la nourriture.

FRANÇOISE : ....

L'AMIE : Alors là, pas de problèmes. C'était excellent, varié et de bonne qualité.

FRANÇOISE : Le nombre des participants est limité ?

L'AMIE : Oui, 25 personnes, c'est un peu trop parfois...

Vous posez une question sur l'accompagnateur.

FRANÇOISE : ....

L'AMIE : C'est Jean-Louis, il est efficace et très drôle. Il nous a beaucoup fait rire !

Sujet 5

Vous avez mis cette annonce chez le boulanger pour louer votre studio. Une personne est intéressée et vous appelle. L'examinateur joue le rôle du futur locataire.

> Loue cause départ en province : studio
> près Panthéon, 640 €, sans les charges.
> Tél. : 01 46 08 52 22 (le soir).

Consigne

Voici 5 questions, trouvez trois réponses possibles pour chacune.

1. Quelle est la superficie de l'appartement ?
2. L'appartement est-il en bon état ?
3. L'appartement est bien situé ?
4. Il est ensoleillé ?
5. Je vais payer des charges tous les mois ?

● Sujet 6

Un couple cherche une baby-sitter pour ses enfants, âgés de deux ans et quatre mois, pour le mois de juillet. Vous avez lu cette annonce dans le journal de votre quartier. Vous vous présentez.
Vous êtes le/la baby-sitter.
L'examinateur joue le rôle de la mère de famille.

■ Consigne

Complétez ce dialogue.

BABY-SITTER   : Bonjour madame, je suis Isabelle, je vous ai téléphoné hier.

MÈRE DE FAMILLE : Ah oui, bonjour mademoiselle. Entrez, asseyez-vous.

BABY-SITTER   : Merci.

MÈRE DE FAMILLE : Alors Isabelle, vous avez déjà gardé des enfants ?

Vous parlez de votre expérience.

BABY-SITTER   : ....

MÈRE DE FAMILLE : Vous avez quel âge ?

BABY-SITTER   : J'ai 18 ans.

MÈRE DE FAMILLE : Vous avez gardé des enfants de quel âge ?

Vous précisez.

BABY-SITTER   : ....

MÈRE DE FAMILLE : Quels sont les moments que vous préférez avec les enfants ?

Vous dites ce que vous aimez faire avec eux.

BABY-SITTER   : ....

MÈRE DE FAMILLE : Très bien, Flore adore les livres.

BABY-SITTER   : Mais vous ne m'avez pas dit à quel moment vous avez besoin de moi ?

MÈRE DE FAMILLE : Voilà, je cherche quelqu'un pour m'accompagner en juillet. J'irai à la campagne et je serai seule avec les enfants.

BABY-SITTER   : Ah bon !... Où à la campagne, loin d'ici ?

MÈRE DE FAMILLE : Non, à 60 km, dans un petit village.

Vous dites que vous avez besoin d'heures libres et pourquoi.

BABY-SITTER   : ....

MÈRE DE FAMILLE : Oui, bien sûr le dimanche et quelques heures par jour, mais pas à des heures régulières.

BABY-SITTER   : Ce n'est pas un problème.

MÈRE DE FAMILLE : Pour le tarif, ce sera le tarif habituel pour les filles au pair...

BABY-SITTER   : Bon, d'accord, et quand voulez-vous partir ?

MÈRE DE FAMILLE : Vendredi prochain.

Vous posez une question sur la cuisine.

BABY-SITTER   : ....

MÈRE DE FAMILLE : Non, non, la cuisine c'est mon domaine... Bien, Isabelle je vais réfléchir et je vous appelle. Au revoir et à bientôt je pense.

BABY-SITTER   : À bientôt, madame.

● **Sujet 7**

Vous êtes Mme Guibert et vous voulez vendre des petits chats. Vous avez mis une annonce dans le journal de votre quartier. Une personne vous contacte.

> Particulier vend petits chats.
> S'adresser à la boutique « Fleurs-Déco »,
> Mme Guibert, 32, rue Victor Hugo 76000 Rouen.

■ **Consigne**

Voici 5 questions, trouvez trois réponses possibles pour chacune.

1. Les chats sont en bonne santé ?

2. Ils sont gentils ?

3. Vous avez eu des problèmes avec eux ?

4. J'ai un autre animal, un lapin ; vous croyez qu'ils vont l'accepter ?

5. Vous pouvez me les décrire ?

● **Sujet 8**

Vous devez aller chercher votre nièce de 14 ans à l'aéroport. À la suite d'une panne, vous arrivez 25 minutes après l'atterrissage. Vous vous adressez au guichet « Informations ». Imaginez le dialogue.
L'examinateur joue le rôle de l'hôtesse et vous êtes l'oncle.

■ **Consigne**

Complétez ce dialogue.

L'ONCLE   : Bonjour, mademoiselle.

L'HÔTESSE : Bonjour, monsieur.

Vous présentez la situation.

L'ONCLE   : ....

L'HÔTESSE : Calmez-vous, monsieur, je vais voir ce que je peux faire. Elle est arrivée par quel vol et quel est son nom ?

L'ONCLE   : Le vol 294 en provenance de Berlin. Elle s'appelle Isabella Stefanelli. Elle a 14 ans, elle est plutôt timide.

L'HÔTESSE : Bien, 14 ans, elle est grande déjà ! Elle vous attend sûrement dans l'aéroport.

Vous demandez s'il y a un service d'accueil.

L'ONCLE   : ....

L'HÔTESSE : Oui, au fond du hall, mais c'est pour les enfants jusqu'à 12 ans.

Vous imaginez la réaction d'Isabella; vous pensez à ses parents.

L'ONCLE   : ....

L'HÔTESSE : Bon, attendez je vais me renseigner. Comment est-elle votre nièce ?

Vous décrivez votre nièce.

L'ONCLE   : ....

L'HÔTESSE : Ah ! mais je l'ai vue tout à l'heure avec une hôtesse.

L'ONCLE   : C'est vrai ?

L'HÔTESSE : Oui, je vais appeler ma collègue… Bon, écoutez, tout va bien ; elle vous attend dans le hall B, au point « Informations ».

Vous remerciez l'hôtesse.

L'ONCLE   : ....

En cas de panne

L'examinateur pose une question dont vous ne comprenez pas le sens ou utilise un mot inconnu... Pas de panique ! L'important, c'est de **continuer le dialogue en français**, en cherchant à comprendre. Plusieurs possibilités s'offrent à vous.

A. Vous n'avez pas compris

Signalez-le :

– Pardon ?

– Excusez-moi, je n'ai pas bien compris.

– Excusez-moi, je n'ai pas bien entendu ce que vous avez dit. Vous pourriez répéter, s'il vous plaît ?

– Je ne sais pas ce que c'est, vous pourriez m'expliquer ?

B. Vous n'êtes pas sûr d'avoir compris le sens d'une phrase

Vous répétez le mot ou vous expliquez ce que vous avez compris ; votre partenaire va développer ou confirmer.

- • La répétition
- – Au bureau, j'utilise beaucoup la télécopie...
- – **La télécopie ?**
- – Oui, vous savez, cet appareil qui transmet des photocopies par le canal du téléphone...

- • La reformulation
- – Pour le 15, seulement sur liste d'attente.
- – **Vous voulez dire qu'**il n'y a plus aucune place pour le 15, **c'est bien ça ?**
- – Exactement. Qu'est-ce que vous décidez ? Vous tentez votre chance pour le 15 ou vous prenez une place un autre jour ?

Consigne

Voici 8 autres exemples. L'examinateur utilise un mot que vous ne comprenez pas. Vous reformulez ou vous répétez ?
Complétez ces dialogues. Essayez de trouver plusieurs solutions pour chaque phrase.

1. Une invitation à Paris

– Alors c'est d'accord pour demain 20 h 30 ? Je vais vous donner **mon numéro de code**.

– . . . .

– Oui, pour ouvrir la porte de l'immeuble. Après 20 h, elle est toujours fermée et il faut faire le numéro pour pouvoir entrer.

2. Dans un magasin

– Si vous prenez la jupe et la veste, je peux vous faire une **remise** plus importante.

– . . . .

– Oui, je peux vous faire 30 %.

3. Au guichet

– Le train est direct ? J'ai beaucoup de valises…

– Oui, il est direct. Mais pourquoi vous ne les donnez pas en **bagage accompagné** ?

– . . . .

– Oui, vous les laissez la veille à la gare et vous les reprenez à votre arrivée.

4. Dans un salon de thé

– Vous désirez une glace ou un **sorbet** ?

– . . . .

– Oui, une glace aux fruits, sans lait !

5. Dans une agence de location

– Pour le loyer, vous pouvez aller jusqu'à quelle **somme** ?

– . . . .

– Oui, c'est ça, la somme que vous devez chaque mois au propriétaire.

6. Dans un magasin

– Vous payez par chèque, carte bancaire ou en **liquide** ?

– . . . .

– Oui, exactement.

7. Dans une agence

– Le **loyer** est de 825 euros par mois, **charges comprises**.

– . . . .

– Oui, vous n'avez rien à payer en plus pour le chauffage et l'entretien de l'immeuble.

8. Dans un magasin

– Je peux vous le **rembourser**.

– . . . .

– Je vous redonne 82 euros, le prix de l'article.

■ C. Un mot vous manque, faites-vous aider

■ Consigne

Voici 5 situations où le candidat a cherché à expliquer un mot à l'examinateur. Retrouvez le mot juste.

a. un baladeur – b. la monnaie – c. un magnétoscope – d. un forfait –
e. un hebdomadaire

1.

– Je voudrais un voyage, une formule… **vous savez**, où le transport, l'hôtel, le restaurant, tout est payé avant le départ… **il y a un mot, je ne le retrouve plus.**

– Vous voulez dire un . . . . ?

– Oui, bien sûr.

2.

– Le soir, souvent, j'aime regarder un film. C'est facile, parce que j'ai un… **Ah, comment dites-vous déjà ?** Un appareil qui enregistre les émissions à la télévision, on peut aussi emprunter des cassettes, un… ?

– Oui, c'est ....

– Oui, c'est cela.

3.

– Souvent, dans le métro, j'écoute de la musique. Je me suis acheté un… **Ah ! je connais le mot, mais là… je l'ai oublié.** On a des écouteurs, une cassette… en anglais, c'est un walkman. Et en français, on dit un…

– Ah, c'est un .... que vous voulez.

4. Dans le bus

– Excusez-moi, j'ai seulement 20 euros, pas de pièces, **enfin pas de**…

– Vous n'avez pas de .... ? Moi non plus !

5. Chez le marchand de journaux

– Je voudrais acheter un… **comment ça s'appelle ?**… c'est chaque semaine.

– Vous voulez dire un ....

Voir solutions page 93.

■ **D. Vous n'avez pas assez d'informations, renvoyez la parole à votre partenaire !**

Exemple : – Un vin rouge ou rosé ?

              – *Hm… Que me conseillez-vous ?*

■ **Consigne**

Voici 4 situations, essayez de trouver d'autres formules pour relancer le dialogue.

1. Au restaurant

– Un dessert ?

– ....

2. Dans votre librairie préférée

– Alors, vous prenez quel roman ? Celui-ci ou celui-là ?

– ....

3. Dans une boutique de vêtements

– Vous avez choisi ? Le pantalon gris uni, ou celui à rayures ?

– ....

4. Chez le photographe

– Vous voulez une pellicule de 135 ou 400 Asa ?

– ....

Voir solutions page 93.

L'AGENCE MATRIMONIALE

■ **Grille de récit et d'invitation**

QUI ÉCRIT À QUI ?		
	Qui écrit ? Que sait-on d'elle/de lui ?	Vous. Vous êtes heureux(se).
	À qui écrit-il/elle ? Que sait-on d'elle/de lui ?	Marc Leroy. Directeur du club UNICIS.
	Quelle relation y a-t-il entre elles/eux ?	Ils sont devenus amis.
QUAND ET D'OÙ ÉCRIT-ON ?		Un an après la première rencontre.
	À quelle occasion ?	Afin de fêter la nouvelle vie.
POURQUOI ÉCRIT-IL/ELLE ?		
	Intention n° 1	Remercier.
	Intention n° 2	Informer sur sa situation personnelle.
	Autre	Inviter à passer le week-end dans sa famille.

■ **Exemple de rédaction**

Lieu/date

Cher Marc,

L'année qui vient de passer était merveilleuse et je peux dire que c'est grâce à toi ! J'ai rencontré le prince charmant/la femme de mes rêves et j'ai retrouvé le plaisir de ne plus consacrer ma vie au travail.
Je suis enfin heureux(se) et, comme au début, lorsque Camille et moi avons fait connaissance, nous continuons à aller au spectacle et faire des voyages.
Il ne faut pas oublier les amis et j'aimerais t'inviter à passer un prochain week-end avec nous, dans notre ferme en Normandie. Ainsi, tu pourras faire sa connaissance.
Promets-moi de tout faire pour venir.

Je t'embrasse.

Claude*

106 mots

* Claude et Camille peuvent être des prénoms masculins ou féminins.

LA VOYANTE

■ Grille de récit et d'invitation

QUI ÉCRIT À QUI ?		
	Qui écrit ? Que sait-on d'elle/de lui ?	Vous. Il est satisfait.
	À qui écrit-il/elle ? Que sait-on d'elle/de lui ?	Un ou une amie.
	Quelle relation y a-t-il entre elles/eux ?	Amitié.
QUAND ET D'OÙ ÉCRIT-ON ?		Ce jour.
	À quelle occasion ?	Vous êtes allé consulter une voyante.
POURQUOI ÉCRIT-IL/ELLE ?		
	Intention n° 1	Raconter ce que la voyante vous a dit sur votre passé, le présent, votre avenir.
	Intention n° 2	Conseiller à votre ami(e) de la consulter à son tour.
	Autre	

■ Rédaction

Lieu/date

Cher Ludovic,

Il faut que je te raconte ce qui vient de m'arriver. Tu sais que je n'allais pas très bien ces derniers temps. J'étais fatigué et je n'avais plus de travail. Sans illusion, j'ai donc décidé d'aller voir une voyante et là, ça a été incroyable ! Elle a immédiatement vu ma personnalité, mes erreurs passées, mes problèmes du moment mais le plus important c'est qu'elle m'a vraiment rassuré ! Elle m'a redonné l'espoir. Le jour même, ce qu'elle m'a prédit est arrivé : j'ai retrouvé du travail !
Je sais que toi aussi tu te poses beaucoup de questions et c'est pour cela que je t'écris. Va la voir ! Voici son adresse : Mme Irma, 10 rue de l'espérance, 75012 Paris.
Tiens-moi au courant.

Amitiés.

Frédéric

129 mots

UNE JOURNÉE BIEN REMPLIE

■ Grille de récit et d'invitation

QUI ÉCRIT À QUI ?		
	Qui écrit ? Que sait-on d'elle/de lui ?	Mme Léa Letellier.
	À qui écrit-il/elle ? Que sait-on d'elle/de lui ?	Anne (une amie).
	Quelle relation y a-t-il entre elles/eux ?	Amicale.
QUAND ET D'OÙ ÉCRIT-ON ?		
	À quelle occasion ?	Un jour de fatigue, sentiment d'être débordée, pensée soudaine vers cette amie.
POURQUOI ÉCRIT-IL/ELLE ?		
	Intention n° 1	Lui parler d'elle-même, de sa famille, de ses journées.
	Intention n° 2	La voir et donc l'inviter à passer un moment avec elle.
	Autre	

■ Rédaction

Lieu/date

Chère Anne,

Depuis que nous sommes à Paris, finie la tranquillité ! Mes journées sont très chargées et je commence à être très fatiguée.
Je me lève à 6 h 30 ; je prépare le petit-déjeuner pour Benoît et notre petite Béatrice. Je cours l'emmener à l'école et je me rends à mon travail. À 17 h 00, c'est l'heure d'aller la chercher. Je fais les courses en rentrant à la maison, je fais la cuisine et, une fois Béatrice couchée, la vaisselle m'attend tandis que Benoît regarde la télévision.
Viens passer une journée à la maison, un samedi ou un dimanche ; je suis beaucoup plus tranquille et je serai tellement heureuse de savoir ce que tu deviens.

J'attends ta réponse et t'embrasse.

Léa   125 mots

LA RENCONTRE

■ Grille de récit et d'invitation

QUI ÉCRIT À QUI ?		
	Qui écrit ? Que sait-on d'elle/de lui ?	Vous.
	À qui écrit-il/elle ? Que sait-on d'elle/de lui ?	À Marc. C'est son ami.
	Quelle relation y a-t-il entre elles/eux ?	Amicale.
QUAND ET D'OÙ ÉCRIT-ON ?		Le soir du retour d'un voyage à New York.
	À quelle occasion ?	Rencontre inattendue avec une amie commune perdue de vue depuis plus de 10 ans lors du vol de retour New York/Paris.
POURQUOI ÉCRIT-IL/ELLE ?		
	Intention n° 1	Raconter la rencontre avec cette amie.
	Intention n° 2	Proposer une soirée à 3 et inviter à dîner.
	Autre	

■ Rédaction

Lieu/date

Cher Marc,

Devine avec qui j'ai voyagé lors de mon voyage de retour sur le vol New York/Paris ? Nathalie Lafayette ! C'est fou… Nous étions assis l'un à côté de l'autre et nous n'avons pas cessé de discuter pendant les 8 heures de vol !
Elle m'a bien entendu demandé des nouvelles de toi. Nous devons absolument passer une soirée tous les trois. Elle est libre le deuxième et le troisième week-end de novembre. Et toi ? Je propose un samedi soir par exemple. Je vous invite à manger une raclette à la maison, comme au temps de nos études.
Réponds-moi vite.

Amicalement.

François

103 mots

LE VILLAGE

■ Grille de récit et d'invitation

QUI ÉCRIT À QUI ?		
	Qui écrit ? Que sait-on d'elle/de lui ?	Vous.
	À qui écrit-il/elle ? Que sait-on d'elle/de lui ?	Votre sœur.
	Quelle relation y a-t-il entre elles/eux ?	Familiale.
QUAND ET D'OÙ ÉCRIT-ON ?		Pendant le séjour.
	À quelle occasion ?	Séjour vacances dans la petite ville où vous avez séjourné il y a 10 ans.
POURQUOI ÉCRIT-IL/ELLE ?		
	Intention n° 1	Raconter les changements constatés dans le village.
	Intention n° 2	Raconter votre programme à venir.
	Autre	Inviter votre sœur à venir pour l'anniversaire de votre époux, Paul.

■ Rédaction

Lieu/date

Chère Joséphine,

Je passe deux semaines dans cette petite ville de Normandie que nous aimions tant. Le choc est grand. Tu te rappelles certainement la jolie place fleurie, les maisons typiques, la douceur du lieu, la tranquillité de la ville et la gentillesse de ses habitants. C'était il y a dix ans.
Aujourd'hui, je suis un peu déçue. Il y a des voitures partout, beaucoup de touristes et l'accueil n'est plus tout à fait le même. Cependant, je ne regrette pas d'être venue et je t'écris pour te proposer de nous rejoindre à la fin de la semaine. J'aimerais partager à nouveau quelques jours avec toi, retrouver des impressions…
Téléphone-moi vite au 02 22 30 72 02 et dis-moi que tu viens.

Je t'embrasse très fort.

Marie-Louise

127 mots

LE PARC DU FUTUROSCOPE

■ Grille de récit et d'invitation

QUI ÉCRIT À QUI ?		
	Qui écrit ? Que sait-on d'elle/de lui ?	Vous. Vous avez une famille.
	À qui écrit-il/elle ? Que sait-on d'elle/de lui ?	Des amis.
	Quelle relation y a-t-il entre elles/eux ?	Amicale.
QUAND ET D'OÙ ÉCRIT-ON ?		À peu près un an après être allé(e) au *Futuroscope* près de Poitiers.
	À quelle occasion ?	Vous comptez retourner au *Futuroscope*.
POURQUOI ÉCRIT-IL/ELLE ?		
	Intention n° 1	Raconter votre première expérience.
	Intention n° 2	Proposer de vous accompagner à l'occasion de cette deuxième visite au *Futuroscope*.
	Autre	

■ Rédaction

Lieu/date

Chers amis,

Vous vous rappelez certainement mon enthousiasme après ma visite du parc du *Futuroscope* près de Poitiers, l'année dernière. Le programme était vraiment idéal pour les enfants comme pour les adultes : le film sur les aventures aéronautiques et le spectacle laser nocturne tout spécialement. Céline et Paul étaient ravis, et ils me demandent sans cesse d'y retourner.
C'est ce que nous allons faire pendant les prochaines vacances. Si notre projet vous intéresse, vous êtes cordialement invités à venir avec nous. Pour en savoir plus, nous pouvons demander le programme puis déterminer ensemble la date idéale.
Nous attendons votre réponse avec impatience.

Amitiés.

Lætitia

105 mots

SITES EN SCÈNE

■ Grille de récit et d'invitation

QUI ÉCRIT À QUI ?		
	Qui écrit ? Que sait-on d'elle/de lui ?	Vous.
	À qui écrit-il/elle ? Que sait-on d'elle/de lui ?	Guy. Un ami musicien.
	Quelle relation y a-t-il entre elles/eux ?	Amicale.
QUAND ET D'OÙ ÉCRIT-ON ?		Pendant l'hiver
	À quelle occasion ?	Vacances familiales dans le Gers à Jonzac.
POURQUOI ÉCRIT-IL/ELLE ?		
	Intention n° 1	Lui parler de votre projet de vacances.
	Intention n° 2	L'inviter.
	Autre	Lui mettre en tête un projet : participer aux festivités du prochain été.

■ Rédaction

Lieu/date

Cher Guy,

Comme chaque année, nous comptons passer nos vacances de juillet à Jonzac. À cette période, la ville organise un festival. Cette année, ce sera du 19 au 21 juillet. Je te joins le programme pour t'aider à réfléchir à ma proposition : je sais que tu es intéressé par la région et je veux te dire que tu es le bienvenu si cela te fait plaisir de passer quelques jours avec nous.
Tu pourras prendre des contacts et peut-être participer en tant que musicien aux festivités de l'année prochaine.
Tu peux te décider au dernier moment. Téléphone-moi simplement un jour à l'avance par sécurité.

Nous t'attendons.

Amicalement.

Jean-Baptiste   111 mots

DANS LES PYRÉNÉES

■ Grille de récit et d'invitation

Qui écrit à qui ?		
	Qui écrit ? Que sait-on d'elle/de lui ?	Vous. Vous avez organisé une sortie avec 15 élèves.
	À qui écrit-il/elle ? Que sait-on d'elle/de lui ?	Une amie. Elle a déjà travaillé avec vous autrefois.
	Quelle relation y a-t-il entre elles/eux ?	Amie et collègue.
Quand et d'où écrit-on ?		Peu avant la sortie.
	À quelle occasion ?	Classe de découverte de la nature dans les Hautes-Pyrénées du.../... au..../... L'autre accompagnatrice ne peut plus venir.
Pourquoi écrit-il/elle ?		
	Intention n° 1	Proposer de venir avec vous pour remplacer la seconde accompagnatrice.
	Intention n° 2	
	Autre	

■ Rédaction

Lieu/date

Lucie,

Je t'appelle au secours. Rassure-toi, rien de grave mais tu peux vraiment m'aider. J'organise une classe de découverte de la nature du 15/07 au 19/07 dans les Hautes-Pyrénées et la collègue qui devait m'accompagner vient de m'annoncer qu'elle ne pouvait plus venir. Tu imagines la situation : seule avec 15 élèves ! Cela signifie annuler et provoquer surtout une énorme déception chez ces jeunes.

Tu as sans doute deviné pourquoi je t'écris. Je garde un très bon souvenir de la colonie de vacances que nous avions accompagné il y a quelques années. Es-tu libre à ces dates ? Peux-tu te joindre à moi ? Je joins le programme pour mieux te convaincre et j'attends ta réponse avec impatience.

Je t'embrasse.

Marie

122 mots

PARIS À LA CARTE

■ Grille de récit et d'invitation

Qui écrit à qui ?		
	Qui écrit ? Que sait-on d'elle/de lui ?	Vous. Vous habitez dans le Gers. Vous travaillez.
	À qui écrit-il/elle ? Que sait-on d'elle/de lui ?	Élisabeth. Une amie.
	Quelle relation y a-t-il entre elles/eux ?	Amicale.
Quand et d'où écrit-on ?		Lors du changement de programme.
	À quelle occasion ?	Voyage d'affaires aux dates initialement réservées à l'accueil de votre amie. Vous ne serez plus chez vous mais à Paris.
Pourquoi écrit-il/elle ?		
	Intention n° 1	Annoncer le changement de programme.
	Intention n° 2	Proposer un nouveau programme (Paris).
	Autre	

■ Rédaction

Lieu/date

Chère Élisabeth,

J'ai une bonne et une mauvaise nouvelle. Je commence par la mauvaise : nous ne pouvons pas passer la semaine du 10 au 16 mai chez moi car je dois aller à Paris en voyage d'affaires. Stop ! pas de déception car j'ai une autre proposition. Le projet du Gers est abandonné mais Paris nous attend ! Tu peux arriver quand tu veux. J'ai préparé une liste d'activités possibles, des visites, des sorties, des promenades. Les frais peuvent être très limités car il y a de nombreuses possibilités d'accès gratuit. Nous pouvons partager ma chambre d'hôtel et tu dois simplement t'occuper du billet de train et du budget alimentation.
Qu'en dis-tu ? Réponds-moi vite.

Je t'embrasse.

Anne

119 mots

L'EXPOSITION

■ Grille de récit et d'invitation

QUI ÉCRIT À QUI ?		
	Qui écrit ? Que sait-on d'elle/de lui ?	Un jeune peintre. Vous exposez vos œuvres dans le cadre des *Journées Européennes des jeunes peintres*.
	À qui écrit-il/elle ? Que sait-on d'elle/de lui ?	Cédric.
	Quelle relation y a-t-il entre elles/eux ?	Amicale.
QUAND ET D'OÙ ÉCRIT-ON ?		À quelques jours de l'inauguration, vers le 15 mars.
	À quelle occasion ?	Exposition dans le cadre des *Journées Européennes des jeunes peintres* à Saumur.
POURQUOI ÉCRIT-IL/ELLE ?		
	Intention n° 1	Raconter votre joie de participer à cette exposition.
	Intention n° 2	Proposer de vous retrouver là-bas et de dîner ensuite.
	Autre	

■ Rédaction

Lieu/date

Cher Cédric,

C'est super, je vais exposer mes œuvres à Saumur à l'occasion de l'exposition organisée dans le cadre des *Journées Européennes des jeunes peintres*. J'en rêve depuis plus d'un an. Lorsque j'ai appris la nouvelle, j'étais prêt à faire n'importe quoi tellement j'étais content. Tu te rends compte mes dernières toiles auront un public ! Je t'envoie cette invitation et j'espère vraiment te voir ce soir-là. Après l'inauguration, si tu as le temps, es-tu d'accord pour fêter cela et dîner avec moi ?
Je compte sur toi.

Salut.

David

91 mots

LA FÊTE

■ Grille de récit et d'invitation

QUI ÉCRIT À QUI ?		
	Qui écrit ? Que sait-on d'elle/de lui ?	Louise et Éric. Ils reçoivent un ami russe qui arrive à l'aéroport le 21 juin.
	À qui écrit-il/elle ? Que sait-on d'elle/de lui ?	À ceux qui ont envoyé l'invitation (amis).
	Quelle relation y a-t-il entre elles/eux ?	Amicale.
QUAND ET D'OÙ ÉCRIT-ON ?		Mai/juin.
	À quelle occasion ?	Pour accuser bonne réception de l'invitation.
POURQUOI ÉCRIT-IL/ELLE ?		
	Intention n° 1	Accepter l'invitation.
	Intention n° 2	Informer d'une arrivée tardive et faire part du motif.
	Autre	

■ Rédaction

Lieu/date

Chers amis,

Votre invitation pour la soirée du 21 juin nous fait très plaisir mais nous avons un gros problème : Anton, que vous connaissez, arrive de Moscou ce jour-là par le vol de 22 h 00. Si cela ne perturbe pas trop votre soirée, nous pensons pouvoir être chez vous à peu près une heure plus tard, aux environs de 23 heures. N'est-ce pas trop tard et surtout, pouvons-nous venir à trois ?
Une bouteille de vodka en provenance directe de son pays d'origine sera-t-elle la bienvenue ?

En attendant votre réponse, nous vous embrassons.

Louise et Éric   97 mots

Document 1. Météo France (p. 27-28)

Météo France, bonjour
Voici la prévision à sept jours du mercredi 24, et tout d'abord pour la soirée et la nuit prochaine. Les belles éclaircies ne sont pas durables. D'abondants nuages viennent de l'océan donnant de petites pluies ou crachins pour la seconde partie de la nuit. Le mercure marque 13 à 15° au plus bas.
Vent d'Ouest faible passant Sud-Est.

Pour demain jeudi 25
Temps maussade et gris. Des crachins ou petites pluies le matin, les dernières plus soutenues en après-midi, le mercure est toujours voisin de 20 à 22° au plus haut. Le vent est au Sud-Ouest soutenu sur le littoral avec quelques rafales de 50 à 60 km/h. Il passe ensuite Nord-Est le soir.

Pour vendredi 26
Le temps plus variable s'est installé dans la nuit. On retrouve dès le matin une alternance de nuages et d'éclaircies. Guère plus de 20° au mieux du mercure. Le vent est au Nord-Ouest modéré et soutenu sur le littoral.

Document 2. Le concert (p. 29)

– Allô, Alban ?
– Oui, bonjour.
– C'est Caroline, dis, tu te rappelles, notre rendez-vous samedi soir pour le concert de Col Canto, à 21 heures ?
– O mon dieu, je suis désolé, j'ai complètement oublié. Je crois que j'ai promis à Coralie de partir passer le week-end chez ses amis en Bretagne.
– Mais tu voulais absolument avoir des places, tu adores la musique du XVIIIe siècle.
– Mais oui, bien sûr, un de mes amis chante dans cette chorale, écoute, je vais trouver une solution, je peux reporter ce voyage en Bretagne à la semaine prochaine, Coralie comprendra.
– Bon, mais décide-toi vite, je ne veux pas y aller toute seule, et je pourrais donner ta place à Évelyne, elle vient d'arriver à Paris et elle ne sort pas beaucoup.
– Écoute, attends encore deux jours, Coralie revient demain, elle est en Italie cette semaine, je te téléphone vendredi soir, d'accord ?
– Bien, comme d'habitude, je serai patiente avec mon cher petit frère, mais vendredi sans faute.
– Bien sûr, allez, je t'embrasse.

Document 3. La panne (p. 30)

– Allô Pierre, c'est Xavier.
– Que se passe-t-il ?
– J'ai un problème, je suis tombé en panne, en panne d'essence bien sûr, c'est vraiment stupide.
– Bon alors, comment je peux t'aider ?

– Je ne sais pas mais voilà, c'est une catastrophe, car j'ai rendez-vous pour un entretien d'embauche dans une heure de l'autre côté de la ville, je n'y arriverai jamais sans ton aide.

– J'allais partir chez le médecin, mais tu es où exactement ?

– Je suis vers la place d'Anjou, au coin de la rue de Rennes, tu te rappelles, c'est là où j'habitais avant.

– Bon, d'accord, je serai là dans vingt minutes.

– Bien, essaie de faire le plus vite possible.

– Donne-moi ton numéro de portable.

– Ah, je suis désolé, je l'ai oublié à la maison, je t'appelle d'une cabine téléphonique.

– Eh bien, dis donc, c'est pas ton jour de chance…

Document 4. Le cours de gym (p. 31)

– Aqua-Sports, bonsoir.

– Bonsoir, je vous téléphone au sujet des cours de gymnastique, je voudrais des renseignements.

– Attendez, je vous passe ma collègue.

– Oui, allô.

– Bonsoir, je voudrais savoir si vous organisez toujours des cours de gymnastique ?

– Est-ce que vous pourriez préciser ce que vous voulez exactement comme cours, nous proposons de la gymnastique aquatique, du stretching, de la gymnastique douce, de la musculation…

– Ah bon, moi je voulais des cours de gymnastique, tout simplement, pour faire du sport et être en forme.

– Bon alors, disons, un cours de gymnastique niveau 1, c'est deux fois par semaine de 17 à 19 heures.

– Et chaque jour une heure, ce n'est pas possible ?

– Non.

– Vous proposez des stages de week-end ?

– Oui, au printemps, d'avril à juin, mais c'est complet.

– Je peux passer pour prendre un prospectus ?

– Oui, ce serait plus simple, mais il faut faire vite, il y a beaucoup de demandes et peu de places.

– Bon alors je réserve pour les cours deux fois par semaine, mais pour le niveau 2, ça coûte combien ?

– Le forfait mensuel, c'est 31 euros.

– Vous avez des réductions pour les moins de 25 ans ?

– Oui, bien sûr.

– Bon alors, je passerai demain.

Document 5. Répondeur interactif CGR (p. 32-33)

1. Bienvenue sur le répondeur interactif des salles CGR. Les cinémas où le lundi est à tarif super-réduit. Attention, toute autre forme de réduction ne sera valable que sur présentation d'une pièce de justification avec photo. Vous allez pouvoir connaître les programmes de nos salles.

Vous pouvez également retrouver toutes les informations de ce service sur Minitel 3615 CGR.

Appuyez sur la touche étoile de votre téléphone. Le service cinéphile vous sera facturé 0,33 € la minute.

Pour la programmation, tapez 1.

Pour l'actualité cinéma, tapez 2.

Pour retrouver l'espace jeux, tapez 3.

Cette semaine gagnez des places de cinéma. Attention, dans ce cinéma le tarif unique CGR de lundi n'est pas de 4,26 € mais de 4,11 € seulement.

2. Cette semaine nous vous proposons 16 films.
Pour tous les horaires film par film, tapez 1.
Pour le film à l'heure et au jour de votre choix, tapez 2.
Pour l'adresse et les conditions générales de vente, tapez 3.
Pour choisir une autre salle, tapez dièse.

Document 6. Informations routières (p. 34-35)

Bulletin n° 1

Informations routières, bonjour.
Vous allez écouter le bulletin d'informations du Centre national routier de Rosny-sous-Bois. À tout moment, si vous souhaitez obtenir des informations sur une région ou être mis en relation avec un opérateur, tapez un numéro de département sur deux chiffres.

Le 23 février à 21 h 15
État du trafic en Île-de-France :
La circulation est fluide sur l'ensemble de la région.
État du trafic en province :
Le trafic est normal entre les principales villes de la province.
Principale coupure d'accès après les inondations dans le département de la Somme, axe coupé et dévié.

Bulletin n° 2

Vous allez écouter le bulletin d'informations de la région Ouest.
État des routes : les conditions de circulation sont satisfaisantes dans les trois régions de l'Ouest. Les chaussées sont généralement sèches et la visibilité normale.
Samedi, la journée est classée verte dans les régions Ouest. Les perturbations de la journée auront lieu aux abords des grandes agglomérations aux heures de pointe.

Document 7. La réservation de train (p. 36-37)

Bienvenue sur la ligne directe, le service d'informations et de vente de la SNCF. Le service sera facturé 0,33 € la minute. Nos vendeurs sont à votre service tous les jours de 7 heures à 22 heures. Pour préparer votre voyage, vous pouvez consulter les horaires et l'état du trafic en tapant ★ (étoile). Un vendeur va donner suite à votre appel.
Le vendeur A724 va vous répondre.

– SNCF bonjour.
– Bonjour, je voudrais des informations horaires pour un train direct Paris-La Rochelle.
– Quel jour ?
– Demain.
– Donc, vendredi 11. Et vers quelle heure le départ ?
– Le matin.
– Très tôt ?
– Oh non, vers 9 heures.
– Bon, un instant, alors Paris-La Rochelle, vous avez un départ à 8 heures 50, arrivée à La Rochelle gare à 11 heures 50, ça vous convient ?
– Oui, c'est bien un train direct ? Il n'y a pas de changement ?
– C'est un train direct. 1re ou 2de classe ?
– Seconde classe.
– Fumeur ?

– Non-fumeur, c'est très important, je ne supporte pas l'odeur de la fumée.
– Vous avez droit à des réductions ?
– Oui, 30 % famille nombreuse.
– Couloir ou fenêtre ?
– Ça m'est égal.
– Il y aura un retour ?
– Non, un aller simple.
– Ça vous fait 43,75 €. Je vous donne votre numéro de code : XZNVT, à retirer 20 minutes avant le départ.
– Je répète : XZNVT.
– Oui, c'est ça.
– Merci, et au revoir.

Document 8. Deux émissions de radio (p. 38)

Chaque week-end sur RMC-Infos. Bonjour. « De quoi je me maile », c'est votre magazine multimédias. Toute l'actualité des nouvelles technologies et de la Net-économie, décryptée et expliquée simplement pour découvrir les bons plans du Web, y voir plus clair en matière de téléphonie mobile, micro-informatique, Internet, DVD, jeux vidéo… Rendez-vous tous les week-ends sur RMC-Infos. « De quoi je me maile », tous les samedi et dimanche de 14 h à 15 h sur RMC-Infos.
RMC-Infos, la radio qui vous donne la parole. Bonjour, tous les samedi et dimanche matin entre 7 h et 10 h, si un sujet vous fait réagir, appelez-moi au 06 42 03 12 21. Le week-end, parlons aussi de votre actualité. Bricolage, jardinage, automobile, animaux de compagnie ; nos spécialistes ont réponse à tout. Appelez-nous.

Document 9. Évasion (p. 39-40)

L'été arrive, l'envie de partir, de s'envoler vers de nouveaux espaces. Alors, écoutez, imaginez… Nous vous proposons une semaine avec soleil, plages, détente et sport. Un départ tous les quinze jours. Le vol ne dure que deux heures. Vous quitterez Paris le matin vers dix heures ou le soir vers vingt-et-une heures. Un accueil chaleureux vous attendra dans nos hôtels trois étoiles, avec piscine, salle de sport, sauna et espace cinéma. Avant de partir, vous choisirez votre programme découverte vers les îles. Pour un couple nous vous offrons l'hébergement avec cinquante pour cent de réduction pour chaque semaine supplémentaire. Pour une famille, les parents et les deux enfants, nous vous offrons trente pour cent de réduction par enfant sur toutes les activités sportives et culturelles. Mais de quel pays s'agit-il ? À vous de le deviner. Dépêchez-vous et envoyez-nous votre réponse sous huit jours pour profiter de ces offres exceptionnelles, ou appelez-nous au 02 47 23 10 72.

CORRIGÉS DES EXERCICES
– ORAL 1 –

Document 1. Météo France

Exercices d'écoute

■ **1. Compréhension**

Vrai – Faux – Vrai – Vrai – Vrai

■ **2. Écoute ciblée**

Voir la transcription de l'enregistrement p. 82.

Enrichissez votre vocabulaire

	noms	adjectifs
soleil	*Canicule, chaleur, été...*	*torride, radieux, voilé, brûlant*
pluie	*averse, humidité, inondation, précipitations, orage*	*abondante*
nuages		*gris*
froid	*gel, glace, neige*	*glacial*
ciel		*dégagé, gris, couvert, radieux, voilé, maussade, changeant*
vent	*rafale, tempête*	*violent, glacial*
temps		*variable, dégagé, torride, glacial, gris, couvert, changeant, radieux, changeant, maussade*
température	*degré, thermomètre, mercure*	*élevée*

Document 2. Le concert

Exercices d'écoute

■ **1. Compréhension**

Faux – Vrai – Faux – Vrai – Vrai

■ **2. Écoute ciblée**

Voir la transcription de l'enregistrement p. 82.

Document 3. La panne

Exercices d'écoute

■ **1. Compréhension**

a – a – a – b

■ **2. Écoute ciblée**

Voir la transcription de l'enregistrement p. 82-83.

Document 4. Le cours de gym

■ **1. Compréhension**

Faux – Vrai – Vrai – Faux – Vrai – Faux

■ **2. Écoute ciblée**

Voir la transcription de l'enregistrement p. 83.

Document 5. Répondeur interactif CGR

Exercices d'écoute

■ **1. Compréhension**

b – b – c   –   Tapez 1 – g ; Tapez 2 – b ; Tapez 3 – a ; Tapez # – f

■ **2. Écoute ciblée**

1a – 2b – 3c

■ **3. Écoute : reconstruction détaillée**

Voir la transcription de l'enregistrement p. 83-84.

Approfondissez vos connaissances lexicales : Cinéma et théâtre

Mettre en scène – figurer au programme – interpréter un rôle – passer en salle – sortir de scène – entrer en scène – adapter un roman – siffler un acteur – faire un tabac – faire recette.

Document 6. Informations routières du CRICR

Exercices d'écoute

■ **1. Compréhension**

Bulletin 1 : c – e
Bulletin 2 : f

■ **2. et 3. Écoute ciblée**

Voir la transcription de l'enregistrement p. 84.

Approfondissez vos connaissances lexicales

1. axe coupé et dévié.
2. La circulation est fluide. – Le trafic est normal. – Les conditions de circulation sont satisfaisantes.
3. visibilité normale.
4. les inondations.
5. perturbations... aux abords des grandes agglomérations.

Document 7. La réservation de train

Exercices d'écoute

■ **1. Compréhension**

Document n° 1 : 1a – 2b

Document n° 2 :

La ville de départ	*Paris*
La destination	*La Rochelle*
Le jour et les heures de départ	*Vendredi 11, 8 h 50*
Les conditions de voyage : classe, place, fumeur/non-fumeur...	*Train direct – seconde classe – place non-fumeur – fenêtre ou couloir (indifférent) – aller simple*
La réduction	*30 % (famille nombreuse)*
Prix	*43,75 €*
Le numéro de code	*XZNVT*

2. Écoute ciblée

Voir la transcription de l'enregistrement p. 84-85.

Approfondissez vos connaissances lexicales

Prendre	un billet, un train
Réserver	une place
Acheter	un billet, des souvenirs
Changer	de train, de ligne, de réservation
Annuler	une réservation, un voyage
Partir	en catastrophe, en vacances, en retard
Arriver	à temps, en gare, en retard
Faire	demi-tour, un chèque
Être	en voyage, en vacances, en retard/en gare [se dit seulement pour un train]
Payer	cher, par carte, en espèces
Le prix	du voyage, du billet, de la réservation

Document 8. Deux émissions de radio

Exercices d'écoute

1. Compréhension

1. b – 2. nouvelles technologies, Net-Économie, téléphonie mobile, micro-informatique, DVD, Web, jeux vidéo – 3. c – 4. bricolage, automobile, jardinage, animaux de compagnie

2. Écoute ciblée

Voir la transcription de l'enregistrement p. 85.

Document 9. Évasion

Exercices d'écoute

1. Compréhension

une semaine d'hôtel au bord de mer
départ en avion tous les 15 jours, 10 h ou 21 h, deux heures de vol
hébergement gratuit pour la semaine ; demi-tarif pour les semaines supplémentaires
30 % de réduction par enfant sur les activités
destination non indiquée
une semaine (minimum)
répondre avant 8 jours ou appeler le numéro donné

■ 2. Écoute ciblée

Voir la transcription de l'enregistrement p. 85.

Approfondissez vos connaissances lexicales : vacances et voyage

1. Après huit mois de travail ininterrompu, j'ai besoin *d'un changement d'air/de vacances*.
2. Je ne peux pas aller très loin, mon *budget voyage* n'est pas très élevé.
3. Si vous voulez voyager sans stress, il faut surtout éviter la période *des grands départs* en vacances.
4. Arrivés sur le lieu de destination, nous avons dû constater que *l'hôtel affichait complet*.
5. À cause de la tempête, la baignade était *formellement interdite* pendant trois jours.
6. Je ne peux pas *m'exposer* très longtemps au soleil, j'ai une peau très sensible.
7. Pour moi, être vraiment *en vacances*, c'est quand on me sert le petit-déjeuner dans la chambre.
8. Pour avoir les adresses des hôtels et chambres d'hôte, nous nous sommes adressés *au syndicat d'initiative*.
9. Passer ses vacances *à la campagne*, c'est : l'air pur, le calme, les randonnées, la simplicité des gens.

Exemples d'épreuves orales complètes

texte de l'enregistrement et barèmes de notation

● Exemple 1 (p. 41-42)

Transcription de l'enregistrement

1. Le vol 714 à destination de Paris et Genève partira à 16 h 35. Les passagers sont priés de se présenter pour embarquement porte n° 13.
2. Suite à un léger incident technique, le vol 936 à destination de Rome est retardé. L'embarquement aura lieu à 17 h 15, porte n° 4.
3. Les passagers du vol 312, en provenance de Berlin, sont invités à se présenter au comptoir n° 8 pour y retirer leurs bagages.
4. Monsieur Leroy, passager à destination de Moscou, est prié de se présenter porte n° 26 pour embarquement immédiat, Monsieur Leroy.
5. Vol 813 à destination de Rio. Les passagers possédant un numéro de place de 25 à 37 sont invités à monter à bord. Nous répétons : les passagers possédant un numéro de place de 25 à 37.
6. Votre attention s'il vous plaît. Nous rappelons qu'il est interdit de fumer dans le hall de l'aéroport, ainsi que dans les salles d'embarquement. Des espaces fumeurs sont à votre disposition au 3e étage de ce bâtiment.

Barème

Annonce 1 :	5 items :	3 points chacun	total	15 points
Annonce 2 :	4 items (tableau)	3 points chacun	total	12 points
	2 items (QCM) :	2 points chacun	total	4 points
Annonce 3 :	vol/ville/comptoir :	3 points chacun	total	9 points
	2 autres items (QCM)	2 points chacun	total	4 points
Annonce 4 :	3 items :	2 points chacun	total	6 points
Annonce 5 :	vol/ville	3 points chacun	total	6 points
	place	1 item : 2 points	total	2 points
Annonce 6 :	1 item :	2 points	total	2 points

Total des questions sur 60. Diviser par 3 pour obtenir la note finale sur 20.

Attention : annonce 5, item 3 (place) : réponse « oui » = 2 points/réponse « non » = 1 point <u>en moins</u>

Exemple 2 (p. 42-43)

[première partie]

– Salut, Alain. Alors, tu pars en vacances ?

– Oui. Je pars trois semaines. Je vais faire le tour de la Bretagne en vélo, avec deux copains.

– Le tour de la Bretagne ?

– Oui, enfin, une partie. On part de Loudéac, dans le centre, et on monte jusqu'à Saint-Brieuc. Après on suit le bord de mer, on passe à Tréguier, et on continue jusqu'à Roscoff. Là, on s'arrête un peu. Après, on descend jusqu'à Brest, et on revient à Loudéac par l'intérieur.

– Ça fait beaucoup de kilomètres !

[deuxième partie]

– Et tes deux copains, je les connais ?

– René et Yannick ? Oui, bien sûr, tu les as rencontrés chez moi. René, c'est le garçon avec une grosse moustache, qui a toujours un chapeau sur la tête.

– Oui, je vois... et Yannick c'est un grand brun avec des cheveux très courts et des lunettes ?

Quinze jours plus tard

– Tiens Alain, tu es déjà revenu. Eh bien, ces vacances en Bretagne ?

– Oh la la... Complètement raté ! On a eu de la pluie tout le temps, et aussi du vent, un froid épouvantable. On n'a rien pu faire.

– Alors, pas de grand tour en vélo ?

Barème

question 1 : 3 points	**question 5 :** 4 points	**question 9 :** 6 points
question 2 : 3 points	**question 6 :** 12 points (4 par prénom)	**question 10 :** 4 points
question 3 : 10 points	**question 7 :** 3 points	**question 11 :** 4 points
question 4 : 4 points	**question 8 :** 4 points	**question 12 :** 3 points

NB : questions 3 et 9 en correction négative (2 points en moins par ville manquante ou erronée)

Total des questions sur 60. Diviser par 3 pour obtenir la note finale sur 20.

1. France-Info, c'est tous les jours l'actualité du cinéma [*musique*]. France-Info, c'est aussi un numéro de téléphone à votre service pour connaître à tout moment toutes les nouveautés, tous les horaires, dans 200 villes en France. [*musique*]. France-Info cinéma, c'est le 08 36 68 10 55 ; 0,33 € la minute.

2. RFI la radio mondiale [*musique*] // Vous aimez voyager ? Vous recherchez un métier pour l'étranger ? Un seul numéro, le 01 42 30 45 78. // la radio mondiale, vous propose des emplois sur les cinq continents : Afrique, Europe, Asie, Amérique, Océanie. // 24 heures sur 24, retrouvez l'offre du jour au 01 42 30 45 78. // Un emploi dès aujourd'hui avec RFI au 01 42 30 45 78 !

3. Participez à notre grand jeu de l'été, le jeu de la plus belle carte postale. C'est simple : vous écrivez une carte à quelqu'un que vous aimez et vous nous envoyez le texte. La carte la plus émouvante ou la plus drôle gagne un voyage pour deux personnes en Tunisie. Envoyez votre carte avant le 21 août à Radio-Vacances, le grand jeu de l'été, boîte postale 832, Bayonne.

4. Aujourdhui, Pizza-Plus propose aux amateurs de pizza deux formules exceptionnelles :
   - tous les jours, de 11 h 30 à 14 h 00, pizzas et légumes à volonté pour seulement 9 € par personne !
   - tous les soirs, sauf le dimanche, deux pizzas pour le prix d'une !... Pizza-Plus, ne vous privez plus !

Barème

document 1	document 2	document 3	document 4
1) 2 points	1) 2 points	1) 2 points	1) 4 points (2 × 2)
2) 3 points (1,5 × 2)	2) 2 points	2) 3 points	2) 4 points
3) 2 points	3) 4 points	3) 2 points	
4) 3 points (1,5 × 2)	4) 2 points	4) 3 points	
5) 2 points			

Total des questions sur 40. Diviser par 2 pour obtenir la note finale sur 20.

- **Sujet 1 : page 63**
1. – Oui, depuis 5 ans déjà !
  - Non, j'ai commencé il y a 6 mois.
  - Non, c'était la première fois.
2. – Je vais finir de payer ma maison.
  - Je vais en verser une partie à Médecins Sans Frontières.
  - Je vais m'acheter ce qui me fait plaisir et garder le reste.
3. – J'ai crié de joie.
  - Je ne pouvais plus rien dire, j'étais tellement content.
  - Je me suis assis et j'ai téléphoné aux enfants.
4. – Oui, depuis une vingtaine d'années.
  - Non, c'est la première fois.
  - Oui, c'est le village de mon enfance, ma mère est née ici.
5. – Non, à aucun autre jeu.
  - Oui, parfois au loto sportif.
  - Oui, j'aime toutes les formes de jeux.

- **Sujet 2 : pages 63-64**
1. Ça va... Qu'est-ce que tu fais ici ?
2. J'aimerais boire un café, tu viens avec moi ?
3. Alors, tu as terminé tes inscriptions à l'Université ?
4. Ah bon ! Et alors, Paris te plaît ?
5. Mais qu'est-ce que tu fais exactement, tu peux m'expliquer ?

- **Sujet 3 : page 64**
1. – Individuels uniquement.
  - Comme vous voulez, individuels ou en groupe ; en groupe c'est moins cher.
  - En ce moment je ne donne que des cours en groupe. Je n'ai plus beaucoup de temps.
2. – Nous pouvons en discuter plus tard.
  - Ça dépend, je fais des réductions pour les étudiants et les chômeurs.
  - 180 F de l'heure.
3. – Oui, chez moi.
  - Non, dans une école de musique.
  - Oui, c'est possible mais je peux aussi venir chez vous.
4. – Oui, je suis professeur de musique au Conservatoire de Musique.
  - Oui, je joue dans un groupe.
  - Oui, j'ai commencé à jouer très jeune, et j'ai enseigné la musique pendant 4 ans à des enfants.
5. – Oui, bien sûr.
  - Oui, mais j'espère que vous savez lire les notes de musique.
  - Oui, mais il faut venir deux fois par semaine.

- **Sujet 4 : pages 64-65**
1. Le rythme, pendant ces huit jours, n'était pas trop fatigant ?
2. Vous avez eu beau temps ?
3. Et vous étiez contents des hôtels ?
4. Et la nourriture ?
5. Qui accompagne le groupe, c'est toujours la même personne ?

- **Sujet 5 : page 65**
1. – Je ne sais pas exactement, c'est un deux pièces avec cuisine, salle de bains et toilettes, environ 75 m^2.
  - 95 m^2, c'est un bel appartement.
  - 50 m^2, il n'est pas très grand, mais il est très agréable.

2. – Oui, excellent.

    – Il y a quelques travaux à faire.

    – Il a été rénové l'année dernière.

3. – Il est au centre-ville, à 5 mn d'une station de métro.

    – C'est dans une rue très calme, peut-être un peu loin des commerçants, mais vous êtes près d'un parc.

    – Vous êtes au cœur de la ville !

4. – Oui, très ensoleillé.

    – La cuisine est peut-être un peu sombre.

    – Oui, surtout le matin.

5. – Oui, tous les mois 68,60 € en plus du loyer.

    – Non, une fois par trimestre.

    – Non, c'est compris dans le prix du loyer.

- **Sujet 6 : pages 65-66**

1. Oui, je garde des enfants depuis deux ans déjà, et j'ai deux petits frères.

2. Des bébés et des enfants qui vont à l'école maternelle, le soir ou pendant la journée.

3. J'aime bien jouer avec eux, dessiner et surtout leur lire des histoires.

4. J'ai un examen en septembre, je dois travailler. J'aurai quelques heures libres ? Le week-end par exemple ?

5. Ah ! encore une question... et la cuisine, est-ce que je dois m'en occuper ?

- **Sujet 7 : page 66**

1. – En très bonne santé.

    – Ils n'ont jamais été malades.

    – Ils sont tous vaccinés.

2. – Ils sont doux et affectueux. Le plus jeune est encore craintif.

    – Le plus grand est très beau, mais très jaloux !

    – Ils aiment beaucoup jouer, s'installer confortablement sur un fauteuil et dormir...

3. – Non, jamais.

    – Au début oui, ils étaient très nerveux.

    – Non, ils ont toujours été adorables, vraiment très câlins.

4. – Oui, sans problème.

    – Je ne sais pas, je n'ai pas d'autres animaux.

    – Ils vont bien s'entendre et bien s'amuser !

5. – Oui, ils sont noirs et blancs.

    – Ils sont tigrés.

    – L'un est blanc, l'autre roux.

- **Sujet 8 : page 67**

1. Voilà, j'ai un grave problème : je suis venu chercher ma nièce, mais j'ai eu une panne de voiture et... Isabella, c'est ma nièce, doit m'attendre quelque part... Je ne la vois pas, je suis très inquiet.

2. Est-ce qu'il y a un autre bureau d'accueil ?

3. Vous savez, c'est une catastrophe. Elle ne parle pas un mot de français, et j'ai promis à ses parents de... Elle va être paniquée.

4. Elle est rousse, plutôt petite, les yeux... oh ! je ne me rappelle plus... marron, oui marron je crois.

5. Ah ! merci mademoiselle, vous êtes très aimable.

◾ En cas de panne

Solution exercice B : pages 68-69

1. Votre numéro de code ?

2. Vous voulez dire que c'est moins cher ?

3. Je pourrais donner mes bagages à la gare avant de partir ?

4. Un sorbet ?

Solution exercice C : pages 69-70

1d – 2c – 3a – 4b

Solution exercice D : page 70

1. Peut-être, que me proposez-vous ?

2. J'hésite, vous les avez lus ?

3. C'est difficile, vous me rappelez leur prix, s'il vous plaît ?

4. Je ne sais pas, il y a une grosse différence ?

    Qu'est-ce qui est préférable ?

Quelques manières différentes pour...

• situer un événement dans le temps

Pour marquer un moment plus ou moins précis	
Elle arrive **à 17 heures**.	J'ai lu ce roman **il y a un an**.
Je suis revenue **à Noël**.	Tu l'as acheté **il y a deux semaines** ?
Il a téléphoné quelques minutes **après ton départ**.	Je rentrerai **tard dans la nuit**.
Il est rentré **vers 3 heures** du matin.	Je me suis levée **très tôt**.
Je partirai **vers mi-juin**.	**Début août**, tout le monde part en vacances.
En 2001, la net-économie a nettement progressé.	Nous déménagerons **l'année prochaine**.
Ils se sont mariés **en septembre**.	**L'année dernière**, il a publié trois livres.
Elle est née **fin septembre**.	Il m'a contacté **hier**.
Tu me téléphones **demain**.	Nous commençons **dans trois jours**.
On sort **ce soir** ?	
Vous ferez cela **pour mardi**.	

Pour marquer une durée	
J'ai travaillé **toute la nuit**.	Ça va durer **15 jours**.
Pendant trois jours, il n'a pas dit un mot.	Il est malade **depuis une semaine**.
J'ai réservé une chambre **du 2 au 30 juillet**.	Ils viennent ici **depuis longtemps**.
La boulangerie sera fermée **jusqu'au vingt mai**.	Le ministre s'est **brièvement** entretenu avec
Le soleil s'est éclipsé pour **quelques secondes**.	son secrétaire.
	Nous en avons discuté **longuement**.
	Je t'ai attendu **une éternité**.
	Il va rester **un bon moment**.
	Je ne l'oublierai **jamais**.

Pour exprimer une fréquence	
Tu ne vas **jamais** au cinéma ?	On se voit **de temps en temps**.
Il me parle **très souvent** de sa vie	Il me téléphone **régulièrement**.
professionnelle.	Vous faites du sport **deux fois par semaine** ?
Quelquefois, on va manger au restaurant.	**Deux fois sur trois**, ce pauvre footballeur
Le lundi, je travaille, **le mardi** je me repose, **le**	rate son penalty.
mercredi, je travaille...	
Ils vont se promener **tous les jours**.	
Ce train circule **tous les jours**.	
Chaque fois qu'il part, il tombe malade.	

• situer un événement ou un objet dans l'espace

pour préciser que l'objet A est contenu dans un espace ou un autre objet B	
Il a mis la lettre **dans** l'enveloppe. **À l'intérieur de** la maison, la lumière est très belle. **Au cœur de** la ville, vous trouverez ce merveilleux restaurant. Nous avons mangé **chez** Antoine (= dans sa maison, son appartement). Il travaille **chez** Alcatel (= dans l'entreprise Alcatel). Il vit depuis huit ans **aux** États-Unis.	Il est **en prison** depuis trois ans. J'ai regardé **dans la boîte**, il n'y a rien **dedans**. Il a passé ses vacances **en** Iran/**au** Canada/**aux** États-Unis. Il habite **en** banlieue/**dans** le centre ville/**à la** campagne.

pour indiquer la position d'un objet par rapport à un autre	
Le vase est **sur** la table. Le chien s'est caché **sous** la couverture. Mets la table **contre** le mur. Le tableau de Picasso est **au-dessous (au-dessus)** de celui de Kandinsky. Le chien dort paisiblement **à côté du** chat. Mets la table **entre** le canapé et le fauteuil. Tout le monde s'est mis **autour de** la même table.	Tu as mis le tableau **au** mur ? Viens **à mes côtés**. **Derrière** la maison, on voit un grand arbre. La maison est **devant** l'arbre. Ne mets pas le radiateur trop **près du** piano. **À l'extérieur du cercle**, on a trouvé des objets précieux. **À l'est de** la ville, les militaires ont reconstruit deux ponts.

• exprimer une attitude ou un goût

+ + +	+ –	– – –
J'aime beaucoup ce pays. J'adore chanter. Ça m'intéresse beaucoup. Je trouve ça très bien. Ça me passionne. Pour moi, c'est vraiment très important.	Ça m'est égal. Ça ne m'intéresse pas beaucoup. Ça me laisse froid. Je préfère...	Je déteste cette région. Je n'aime pas du tout faire ça. J'ai horreur de ce comportement. Je trouve ça horrible. Je ne peux pas supporter cette personne.

Table des crédits et des illustrations

P. 6, à gauche Sunset © E. Poupinet – à droite Sunset – **P. 13,** en haut à gauche Sunset © D. Bringard – à droite © Benelux Press / SDP – en bas © La phototèque / SDP, Christian Arnal – **P. 17,** Vive les femmes ! © Reiser – à droite Sunset – **P. 19,** en haut à gauche © La phototèque / SDP, Tibor Bognar – en haut à droite © Cap-Viollet, Roger-Viollet – en bas © Roger-Viollet – **P. 20,** Parc du Futuroscope © 2001 – **P. 21,** Office du tourisme de Jonzac © 2001 – **P. 22,** © Sunset – **P. 23,** en haut © Moirenc / Diaf – en bas Sunset © P. Moulu.

Pages 11, 15, 16, 18, 19 : illustrations d'Yves Lequesne.

Couverture : CRÉATIONS DUMAS
Conception graphique et maquette intérieure : CRÉATIONS DUMAS
Mise en page : NICOLE PELLIEUX
Photogravure : ARGÉPLUS

© Les Éditions Didier, Paris 2002   ISBN 2-278-05247-0   Imprimé en France

Achevé d'imprimer en janvier 2002 par l'imprimerie Hérissey à Évreux – N° 91549
Dépôt légal : 5247/01/2002 – 19337